개정판

환경오염과

지 구

이 도서는 (재)경상국립대학교 춘추연구장학재단의 지원을 받아 출판되었습니다.

환경오염과 지구

개정판

이동근 · 김둘선

경상국립대학교출판부

저자의 말

전 세계에서는 여러 가지 환경오염 요인들에 의한 지구환경변화로 수많은 생명체들이 멸종되고 변화되어 가고 있으며, 인간 역시도 급격한 지구환경의 변화로 큰 영향을 받고 있다. 자연적으로 발생되는 환경변화는 인간의 능력으로는 조절이 불가능하지만 인위적인 요인으로 발생되는 환경문제는 사전예방을 철저하게 해서 피해를 막을 수 있을 것이다.

환경오염이란 인간들의 인위적 활동으로 발생하는 오염물질들이 환경변화에 나쁜 영향을 미치는 경우를 말한다. 현재 우리는 우리가 겪고 있는 지구온난화, 기상이변, 오존층 파괴, 사막화 등 다양한 문제들이 환경오염으로 인해 비롯된 문제임을 잘 알고 있다. 그러나 우리는 그런 환경문제를 나와 상관없는 일로 생각하고 내가 해결해야 하는 문제가 아니라 다른 누군가나 국가가 나서서 해결하기를 바라고 있다. 사실, 그런 환경문제를 인식한다 하더라도 당장 내가 무엇을 어떻게 실천하면 되는지 알지 못하는 경우도 많다.

깨끗한 환경에서 현재를 살아가고 또한 후손들에게 깨끗한 환경을 물려주기 위해서 우리들은 과연 무엇을 해야 할 것인가? 우리 모두는 지구촌의 환경오염을 조금이라도 줄일 수 있는 실천방법을 모색해야 한다. 그리고 평소에 모든 이들이 환경오염에 대한 심각성을 인식하고 '나부터 생활습관을 바꾸자'라고 한다면 지구 환경 문제는 결코 비관적이지만은 않을 것이다. 이 책은 이런 의미에서 환경교육의 중요성을 인식하고, 일반인뿐만 아니라 대학생들이 환경문제에 관심을 갖고 실천해 나갈 수 있도록 집필되었으며, 앞으로 환경 관련 교양교재로 많이 활용되길 바란다.

환경은 다양한 분야의 학문들이 종합적으로 관련되어 있어 배우는 이에게 어려울 수 있다. 따라서 이 책에서는 전공 중심의 이해하기 어려운 부분은 지양하였고, 각 분야의 기초적인 개념과 사례를 위주로 하여 환경에 관심이 있는 사람이면 누구나 이해하기 쉽게 공부할 수 있도록 집필하려고 노력하였다. 따라서 자연과학이나 공학을 전공하지 않은 인문학·사회학 전공자도 쉽게 교양서로 읽을 수 있을 것으로 생각된다.

이 책을 통해 일반인들과 대학생들이 지구촌의 환경변화에 좀 더 많은 관심을 갖고, 환경오염의 심각성을 인식하여 환경오염방지를 위해 앞장서서 실천할 수 있는 계기가 되었으면 좋겠다.

2017년 2월

이동근, 김둘선

개정판 저자의 말

지구 환경은 우리의 삶과 미래에 영향을 미치는 공동 가치이자 소중한 유산입니다. 이번에 이 책을 새롭게 개정하면서 지구 생태계와 기후변화에 관한 최신 연구와 데이터를 반영해 지구 환경 문제에 대한 이해를 강화하고자 했습니다. 이 책을 통해 우리의 삶과 행동이 지구 생태계에 미치는 영향과 현재 지구가 직면한 다양한 환경 문제를 알리며, 이를 해결하기 위한 일상 속의 실천 방안을 함께 제시합니다.

우리는 지구의 주인이 아니라 지구를 구성하고 있는 지구 환경의 일부분일 뿐입니다. 우리의 삶과 미래는 지구 환경 없이는 존재할 수 없기 때문에 오염으로 병들어 가는 환경을 살리기 위한 우리 모두의 지속적인 관심과 노력이 필요합니다. 이 책을 통해 우리의 행동과 노력이 미래 세대와 지구환경에 긍정적인 영향을 끼칠 수 있기를 바랍니다.

2023년 겨울

김둘선

목 차

제9장 지구 환경 문제

제10장 지구 환경 보전을 위한 노력

제11장 국내외 환경오염 사례

제12장 세계의 이상기후 현상

제 1 장

환경과 오염

1. 환경(環境, Environment)이란?

환경(Environment)이란 넓은 의미로는 우주를 형성하고 있는 모든 요소들, 좁은 의미로는 어떤 주체를 둘러싸고 있는 유형·무형의 객체들로 정의된다. 동양의 문화권에서 환경(環境)은 '環(두를 환), 境(장소 경)'으로 우리 주변을 두르고 있는 장소, 즉 사람을 비롯해서 동물, 식물이 살아가는 데 영향을 주는 주변 상황을 뜻한다. 그리고 서양의 문화권에서 환경(environment)의 어원은 'en(안에서)＋viron(돌다)＋ment(상태)'로 어떤 사물을 둘러싸고 있는 주위 자연공간을 의미한다. 따라서 환경이란 지구상의 생물과 직접 또는 간접으로 관계를 맺고 있는 자연적, 인위적인 모든 것이며, 인간의 활동범위, 인간 활동이 영향을 미치는 영역, 즉 모든 생물이 사는 서식처이다.

2. 환경의 구성요소

인간을 위주로 한 환경은 자연 상태의 자연환경(natural environment)과 사람의 일상에 필요한 생활환경(living environment)으로 나눌 수 있다. 자연환경은 지상, 지하, 지표 및 해양의 모든 생물과 이를 둘러싸고 있는 비생물적인 것을 포함한 자연상태를 말하고, 물리화학적 환경과 생물학적 환경으로 나누어진다. 생활환경은 사람의 일상생활과 관계되는 환경으로서, 의복, 주거, 도시, 산업 및 직업 등의 인공환경과 정치, 경제, 종교 및 교육 등의 사회환경을 포함한다.

표 1-1. 인간을 위주로 한 환경 구성요소

구분		내용
자연환경	물리화학적 환경	공기(기온, 기류, 기압, 공기조성 등) 물(강수, 수질, 수량, 지하수, 지표수, 해수 등) 빛(가시광선, 자외선, 적외선 등) 소리, 진동, 악취 등
	생물학적 환경	동물, 식물, 원생동물 등
생활환경	인공환경	의복, 식생활, 주거, 도시, 산업, 직업 등
	사회환경	정치, 경제, 종교, 교육 등

3. 환경오염(Environmental pollution)이란?

환경오염이란 에너지, 물질 성분, 물리적 조건, 생물학적 조건 등의 변화로 생기는 환경의 불리한 변경(unfavorable alteration)으로서, 인간의 생활 활동과 생산 및 소비 과정에서 발생하는 오수, 매연, 폐기물, 악취, 소음, 진동 등이 인간 또는 생물의 건강·생존·활동에 피해를 주는 현상을 말한다.

자연생태계는 스스로 오염물질을 정화하는 자정능력을 가지고 있다. 환경에 어떤 오염물질이 유입되었을 때 인간이 어떠한 처리 행위를 하지 않더라도 시간이 지나면서 정화된다. 이러한 과정은 물리적, 화학적, 생물학적 작용의 결과로 나타난다. 예를 들어 흐르는 물에 오염물질이 유입되면 바닥에 가라앉거나 희석되기도 하고, 시간이 지나면서 물속의 미생물에 의해서 분해되어 점점 사라지게 된다. 이처럼 오염물질이 소량씩 환경에 유입된다면 자정작용에 의해서 정화되므로 문제가 되지 않는다. 그러나 오염물질의 발생량이 많아서 자정능력 한계를 벗어나게 되면 오염물질은 정화되지 못한 채 환경을 오염시키게 된다. 따라서 환경오염은 환경이 갖는 자정능력을 초과하는 경우 발생하게 된다고 할 수 있다.

4. 환경오염의 원인

인구증가

17C 산업혁명 이전 인구는 전염병, 기근, 전쟁 등으로 연간 인구증가율이 0.04~0.05%로 매우 낮았으나 18C 산업혁명 이후 산업화와 과학기술의 발달로 1850년 10억명 이었던 인구가 기하급수적으로 증가하여 2023년 현재 80억명으로 8배가 되었으며, 이러한 인구증가 추세는 향후에도 지속되어 2040년에는 90억명, 2060년에는 10배인 100억명을 돌파할 것으로 추정된다. 인구가 연간 2.2% 증가할 경우 식량공급은 4% 이상 증가하게 된다. 이처럼 인구증가는 식량공급 문제를 초래하고, 인간의 생존과 활동에 필요한 각종 자원을 대량 필요로 하게 된다. 그 결과 필연적으로 자연환경을 훼손하게 되고, 각종 오염물질을 배출하여 환경오염의 직접적

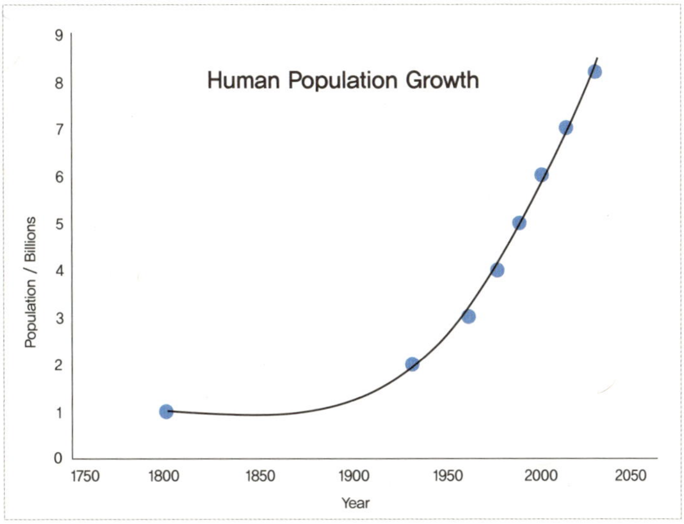

그림 1-1. 세계인구 증가율.

인 원인이 됨과 동시에 자원고갈의 문제를 야기하게 된다. 더구나 인구증가로 인한 특정 지역의 인구과밀화 현상은 대기오염, 수질오염, 토양오염, 소음, 진동 및 각종 폐기물의 배출을 높게 유도하게 되어 환경문제를 더욱 심화시킬 것이다. 특히 개발도상국과 선진국의 인구문제는 매우 다른 양상을 보인다. 1960년 이후 개발도상국의 인구는 급증하였고 인구증가에 따른 식량문제를 해결하기 위해 경작지를 늘리면서 삼림을 벌채하게 되었다. 이로 인해 사막화, 자연환경 파괴 및 생물 수만 종의 멸종을 초래하였다. 그리고 산업개발에 많은 화석연료를 사용하여 이산화탄소 방출량이 증가하게 되어 지구온난화를 유발하였다. 그러나 선진국의 인구문제는 자원의 과잉소비에 있다. 선진국 국민은 개발도상국 국민에 비해 8배의 물, 10배의 에너지, 19배의 알루미늄 등 모든 자원을 과소비함으로써 자원고갈에서부터 에너지 소비의 증대 및 각종 환경문제를 야기시키고 있다.

산업화

산업혁명으로부터 비롯된 산업화는 흔히 경제 성장과 같은 의미로 사용되며, 농업국가에서 공업 중심적인 산업국가로 전환되는 과정을 말한다. 산업화에 의해서 농촌에 살던 사람들이 새로운 산업도시와 공장지대로 몰려들어 인구가 도시에 집중되었고 경제가 성장하고 물질적인 생활은 풍요로워졌다. 그러나 산업시설을 건설하고 다양한 제품을 생산하는 과정에서 많은 자원과 에너지를 필요로 하게 되고, 이에 따른 자원고갈, 오염물 배출, 재생 불가능한 화석연료의 소비 촉진 등 심각한 환경문제를 수반하게 되었다.

산업이 성장함에 따라 대기로의 온실가스와 유독성 오염물질의 배출도 증가하였고, 에너지 생산, 산업공정과 수송을 위한 화석연료의 연소는 이산화탄소를 방출하여 지구온난화와 이상기후 현상을 초래하였으며, 더구나 산업시설은 처리되지 않은 폐기물을 강이나 바다로 배출하여 중요한 수자원을 오염시키고 수생태계를 파괴했다.

산업화는 환경에 큰 악영향을 미치고 있지만, 반면 생활 수준을 향상시키고 고용기회를 제공하며 환경문제에 대처할 기술의 진보를 촉진하는 긍정적인 면도 가지고 있기 때문에 지구의 지속가능한 건전한 미래를 위해 산업개발과 환경관리는 서로 균형을 유지하는 것이 필수적일 것이다.

도시화

도시화는 농업사회에서 산업사회로 전환되는 과정에서 가속화되었다. 도시화는 인구, 물자, 기술 및 정보가 도시로 집중됨과 동시에 대량생산과 대량소비를 수반하고, 이로 인해 환경문제를 초래하게 되었다. 많은 인구가 도시에 집중되면서 교통이 복잡해지고, 교통시설, 건물 및 산업시설로부터 대기오염, 수질오염, 각종 폐기물이 증가하는 등 여러 가지 환경문제가 발생한다. 그뿐만 아니라 빌딩에서 발생하는 다량의 열로 인해 도시에서는 주위의 인접지역보다 대기의 온도가 높은 열섬현상을 초래하게 된다.

도시와 농촌의 경제적 격차가 커짐에 따라 더욱 많은 인구와 산업이 도시로 집중되고, 이로 인해 다양한 오염물질들이 집중됨으로써 환경이 더욱 악화된다.

과학기술의 반환경성

과학기술은 인류의 생활을 윤택하고 편리하게 하고 생명을 연장시켰을 뿐만 아니라 인공위성을 쏘아 올려 달을 정복하는 등 인간의 욕구를 충족시키기 위해서 끊임없이 발달되

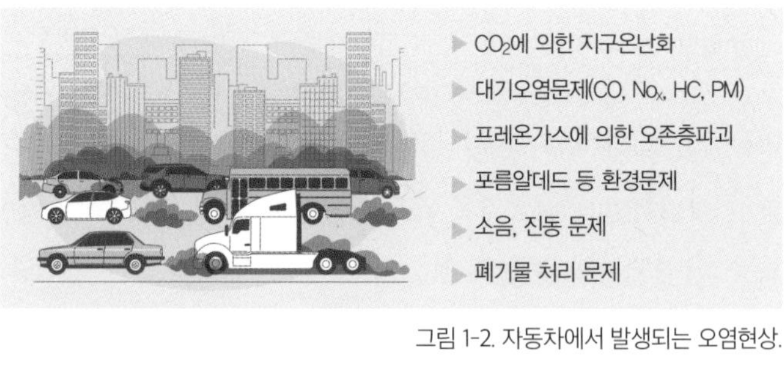

그림 1-2. 자동차에서 발생되는 오염현상.

어 왔다. 그러나 현대에 와서는 이런 과학기술의 발달이 환경에 부정적인 영향을 미치고 있는 반환경성의 환경문제가 제기되고 있다. 예를 들면 과학기술의 상징인 자동차는 문명의 이기(利器)로 여겨 왔으나, 자동차에서 배출되는 배기가스는 대기오염을 유발하고 있고, 폐기물오염 및 소음·진동 문제 등 환경문제를 발생시키고 있다. 또한 농약 및 화학비료는 농업의 생산성을 증가시켰으나, 이로 인한 토양오염과 생물다양성 감소라는 환경적인 문제를 초래하고 있다.

그리고 프레온 가스로 잘 알려진 염화불화탄소(CFC)는 냉장고, 에어컨 등의 냉매, 스프레이, 소화기 분무제 등 산업계에 폭넓게 사용되고 있다. 이는 부식성이 없는 비인화성 기체로, 극히 안정적인 분자이며 다른 물질과 반응을 거의 하지 않는다. 그런데 이런 CFC의 안정성 때문에 이들이 대기 중에 방출되면 변질되거나 파괴되는 일 없이 성층권까지 도달하여 오존층을 파괴함으로써 환경에 심각한 영향을 미친다.

5. 환경오염의 특성

환경오염은 오염요인의 복합성, 광역성 및 장기 축적성 등의 본질적이고 구조적인 특성이 있다. 구체적으로 알아보면, 첫째 환경오염은 다른 오염요인들과 복합적으로 연결되어 있다. 예를 들면 화석연료의 사용으로 인해 발생한 온실가스의 증가는 지구온난화를 가속화시키게 되고, 지구온난화는 해수면 상승, 산림파괴, 생물종 다양성 감소 및 사막화 등 다른 환경오염 문제들을 복합적으로 초래하게 된다. 이러한 환경오염의 복합성은 각각의 환경문제를 개별적으로 처리하기보다는 유기적으로 연결하여 처리하는 해결방식이 필요하다는 것을 시사한다.

둘째 환경오염은 지역적인 문제뿐만 아니라 공간적으로 광범위한 영향권을 형성한다. 환경오염물질은 대기와 수계를 통하여 발생장소로부터 수백 또는 수천km 떨어진 곳까지 이동하여 광범위한 지역으로 확산되는 성질을 가지고 있다. 예를 들면 우리나라 서해안에 내리는 산성비와 봄이면 찾아오는 불청객인 황사 및 미세먼지는 중국의 북동부 공업지역에서 발생하는 아황산가스 및 몽고대륙(고비 사막)의 황토지역에서 발생하는 흙먼지가 그 원인이 된다. 그리고 농약성분인 DDT는 토양에 잔류하여 빗물에 씻겨 바다로 이동하게 되고 해류를 통하여 모든 바다를 오염시키게 된다. 따라서 북극해에서 오염된 물고기를 잡아먹은 물개에게서 농약성분이 측정되기도 한다. 이러한 환경오염의 광역성으로 환경문제는 점차 세계적인 문제가 되고 있다.

따라서 환경문제는 전 지구적 차원에서 해결하려는 노력이 필요하다.

세 번째로 환경오염물질은 대기, 수계 및 토양에 장시간 머물면서 축적되었다가 오랜 시간 후에 피해를 나타내게 된다. 오염현상이 인간에게 포착될 즈음에는 이미 환경파괴가 광범위하게 진행된 후이기 때문에 해결이 어려운 단계에 접어들게 된다. 예로는 미국 러브 커넬의 폐기물 오염사건을 들 수 있다. 1940년대 한 화학회사가 운하 사업이 중단된 땅을 매입하여 유독성 화학물질을 운하에 매립하였다. 그 이후 인근 주민들이 각종 질병에 시달렸고 당시에는 그 원인을 알 수 없었으나 30년이 지난 1970년대에 각종 오염과 질병이 유독성 화학물질 때문임이 밝혀졌다. 다른 예로 일본에서 발생한 이타이이타이병과 미나마타병도 오랜 기간 원인을 모른 채 방치되었다가 각각 카드뮴과 수은이 인체 내에 축적되어 발생한 것이라고 밝혀졌다. 이처럼 환경오염의 장기 축적성은 자연파괴 영향이 오랜 기간 후에 나타나기 때문에 원인과 결과를 확인하는 데 어려움이 따를 뿐만 아니라 환경문제가 발생한 후에도 해결하는 데 오랜 시간이 필요하고 원상회복도 거의 불가능하다. 따라서 환경문제는 사후 규제보다는 사전 예방대책이 바람직한 대응이라 할 수 있겠다.

러브 커넬 사건

러브(William Love)라는 사업가가 운하 건설을 추진하다가 경제공항에 휘말려 길이 1마일에 달하는 웅덩이만 남기고 1910년 사업을 중단했다. 그 후 한 화학회사가 이 땅을 인수하여 1942년부터 1950년 사이에 22,000t 가량의 유독성 화학물질을 운하에 매립했다. 1953년, 러브 커넬을 포함한 주변 토지를 기증받은 나이아가라 사교육위원회는 일부를 초등학교 부지로 쓰고 나머지는 주거지로 이용하도록 하였다. 그 후 학교 운동장과 건물 지하실에서 이상한 화학물질이 스며 나오고, 하수구가 검은 액체에 의하여 부식되기도 하였다. 그리하여 주민들이 빈번한 피부병과 두통 그리고 유산에 시달렸음에도, 시당국은 별다른 관심을 기울이지 않았다. 특히 1976년 큰 홍수가 난 후 가로수와 정원수의 대량 폐사, 유독성 화학물질의 대량 검출, 유독성 물의 분출과 함께 많은 주민들이 신체의 통증을 호소했다. 1977년에야 이 지역에 대한 조사가 이루어져 시당국은 지하수가 유독성 화학물질로 오염되었음을 밝혀냈으나, 역시 조치를 취하지 않았다. 이때 깁스(Lois Gibbs)가 각 학부모의 집을 방문하여 자녀들의 건강 상태를 조사한 결과 이들이 각종 질병에 시달리고 있음을 알게 되었다. 깁스의 조사 이후 뉴욕 주 보건 당국이 역학조사를 실시하여 각종 오염과 질병이 유독성 화학물질의 영향임을 밝혀냈다. 미국 연방환경청은 1978년 8월 이 지역을 환경재해지역으로 선포하고, 거주하던 238가구를 즉시 이주하도록 하였으며, 초등학교는 즉시 폐쇄되었다. 최소한으로 계산하더라도 환경문제가 발생한 지 30여 년 이상이 지난 다음에야 원인을 밝히고 해결을 시도한 것이다.

출처 환경공학개론, 동화기술

제 2 장

생 태 계

1. 생태학의 정의와 특징

생태학이란?

생태학(ecology)은 1866년 독일의 동물학자 헥켈(E.Haeckel)에 의해 처음으로 사용되었고, 그 뒤 1965년 코몬디(Kormondy)에 의해 집이나 거주지역을 의미하는 'oikos'가 학문을 의미하는 'logos'와 결합한 합성어로 생태학(ecology)이라는 말이 생겨났다. 처음에는 "주거의 학문"이라는 뜻으로 정의되다가 점차 "유기체와 물리적 환경과의 상호 관계를 연구하는 학문"으로 정의되었다. 따라서 생태학은 환경 속에서 같은 종의 생물 간의 관계, 한 종과 다른 종과의 관계 및 생물과 환경과의 관계를 연구하는 학문, 즉 생태계(ecosystem)를 연구하는 학문이라 할 수 있겠다.

생태계란?

생태계(ecosystem)란 어떤 지역의 모든 생물들이 무기적 환경과 유기적으로 상호작용을 하며, 하나의 계에서 에너지의 흐름에 따라 생물의 다양성 및 물질의 순환을 만들어 내고 있는 시스템을 말한다. 지구상의 모든 생물들은 상호의존적인 생활을 하면서, 주변 환경을 지배하기도 하고 지배당하기도 하면서 살아가고 있다. 이처럼 유기체와 환경 사이의 상호 관계가 오랫동안 조화롭게 지속될 때 안정한 생태계를 유지할 수 있다.

생태계의 범위

생태계의 범위는 작게는 작은 연못에서 크게는 지구생태계까지 생각할 수 있다. 하나의 행성이나 숲, 연못, 넓은 바다, 쓰러진 통나무 심지어 물웅덩이도 하나의 생태계를 이루고 있다. 작은 연못을 예로 들어 보면, 연못에는 수생식물, 수서곤충, 어류들과 눈에 띄지는 않지만 많은 종류의 미생물들이 서식하고 있다. 이들은 제한된 공간 속에서 공기와 햇빛이라는 외부환경에 노출된 채 나름대로의 생태계를 형성하면서 살아가고 있고, 여기에 서식하는 생물들은 서로 다른 생활방식을 가지면서도 서로 보완적이기 때문에 연못의 작은 생태계를 잘 유지할 수 있다.

생태계는 자연환경을 기준으로 한 육상생태계와 해양생태계로 나눌 수 있다. 그리고 지구의 생태계는 4개의 권, 즉 공기의 대기권, 토양과 암석의 암석권, 물의 수권, 생물의 생물권으로 이루어져 있다. 따라서 생태계는 생물이 물과 공기 및 토양을 바탕으로 물과 산소 및 영양분을 섭취하고 여러 조건의 기후에서 적응하며 살아가는 생명 유지 체계라고 할 수 있다.

생태계의 특징

생태계는 다음 6가지의 중요한 특성을 지닌다.

① 구조성 생태계는 생물인자와 무생물인자로 구성된다.

② 기능성 생태계는 물리적 환경 즉 무생물계와 생물계 사이에서 물질과 에너지의 일정한 교환이 이루어진다.

③ 복합성 생태계 안에서 일어나는 모든 사건과 조건들은 서로 복잡하게 얽혀 있다.

④ 상호작용과 상호의존성 생태계는 모든 생명 인자와 무생물 인자들이 서로 상호결합 및 상호의존하고 있어 작은 변화조차도 거의 모든 구성원들에게 영향을 미칠 수 있다.

⑤ 가변적 공간성 하나의 유기체는 유형적 실체이며 분명한 신체적인 크기를 가진다.

⑥ 시간적 변화성 생태계는 안정되고 무변화적인 체계처럼 보이지만 실제로는 물질과 에너지의 변화에 따라 구조와 기능이 시간적인 변화를 겪고 있다. 그러나 이런 시간적인 변화는 공간적 변화보다 관측하기가 어렵다.

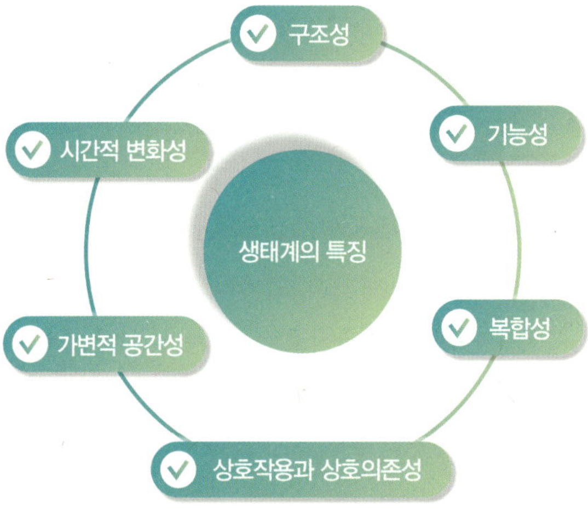

그림 2-1. 생태계의 특징.

2. 생태계의 구성요소

생태계는 생물적 요소와 비생물적 요소로 구성되어 있다. 생물적 요소는 기능면에서 생산자, 소비자 및 분해자로 구성되어 있고, 비생물적 요소는 순환되는 무기물질, 생물과 비생물을 연결하는 유기물질, 기후조건 및 공기, 물, 기후, 온도 등의 물리적 인자로 구성되어 있다.

생물적 구성요소

생물적 구성요소는 영양성에 따라 독립영양(자양성) 생물과 종속영양(타양성) 생물로 나눌 수 있다. 생산자는 독립영양 생물로서 태양을 이용하는 광합성 작용에 의해 무기물을 유기물로 합성해 내는 녹색식물, 즉 스스로 양분을 만들 수 있는 생물이다. 식물성 플랑크톤, 수생식물, 육상식물 등 엽록소를 지니고 있는 식물들이 여기에 속한다.

소비자는 종속영양 생물로서 스스로 영양분을 생성할 수 없어 생산자에 의존하여 살아가는 생물체로 동물류가 여기에 속한다. 1차 소비자는 생산자인 식물이나 조류를 직접 먹이로 하는

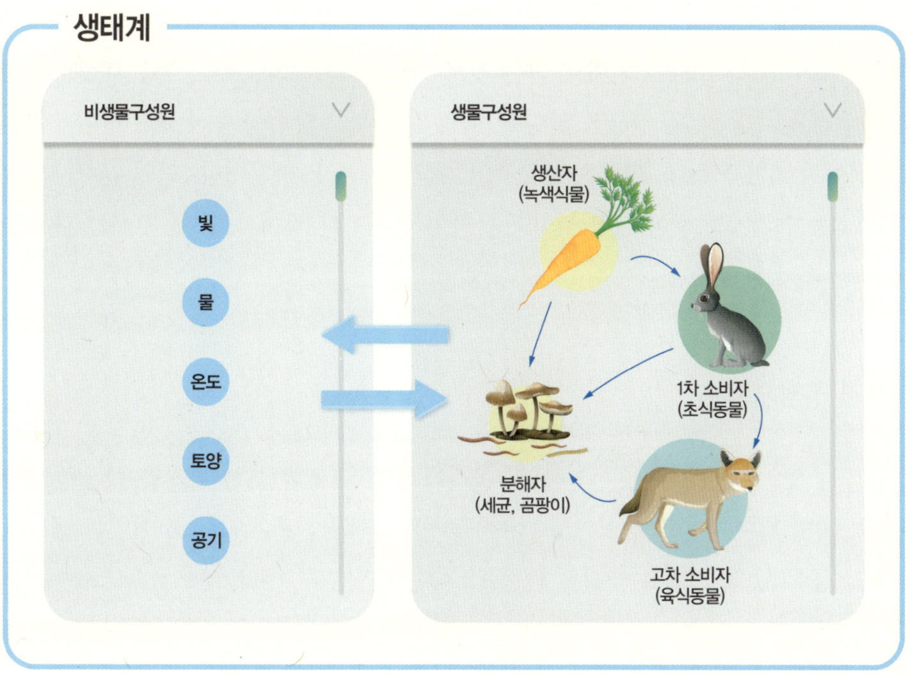

그림 2-2. 생태계의 구성요소.

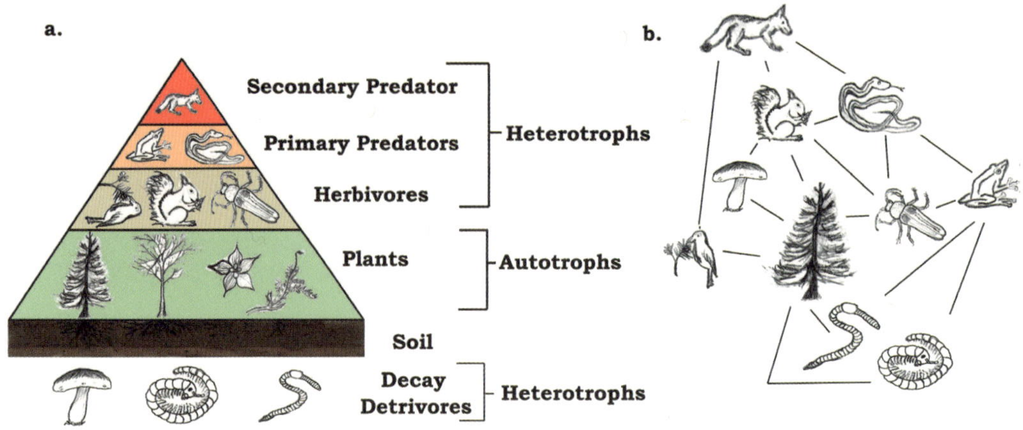

그림 2-3. 먹이사슬과 먹이 그물.

초식동물로 풀을 먹는 토끼, 소, 메뚜기, 식물성 플랑크톤을 먹는 동물성 플랑크톤 등이 있다. 2차 소비자는 1차 소비자인 초식동물을 먹고 사는 소형 육식동물로 개구리, 무당벌레, 뱀, 작은 새, 여우, 고양이 등이 있다. 그리고 소비 수준에 따라 3차, 4차의 고수준 대형 육식동물들이 있다. 돼지, 쥐, 인간 등과 같이 다른 동물이나 식물을 먹이로 취하는 동물은 잡식동물이라 한다. 사람의 경우 채소를 먹을 때는 1차 소비자이고 고기를 먹을 때는 2차 소비자가 된다.

분해자는 살아 있는 생물을 먹이로 하는 것이 아니라 죽은 생물체나 각종 배설물을 분해해 영양분을 얻는 균류(곰팡이)와 세균을 말한다. 동물의 사체가 땅속에 묻혀 썩거나 가을에 나뭇잎이 땅에 떨어져 썩게 되는데, 이것은 분해자인 세균들의 작용 때문이다. 만일 분해자가 없다면 동물의 사체는 여기저기 쌓이게 될 것이고 나뭇잎은 해마다 쌓여서 몇 년 후에는 나무들이 낙엽에 파묻혀 죽게 될 것이다.

비생물적 구성요소

비생물적 구성요소는 유기물, 무기물 및 물리적 환경을 포함한다. 무기물에는 물, 탄소, 질소, 탄산가스 및 필수 광물질 등이 있고, 유기물에는 단백질, 탄수화물, 비타민 등 생명에 필수적인 영양소들이 있다. 그리고 물리적 환경요소에는 햇빛, 물, 바람, 온도, 습도 등이 있다. 생태계에서 비생물적 구성요소는 빼놓을 수 없는 중요한 역할을 한다. 햇빛, 즉 태양에너지는 기후변화를 일으키는 원동력이 되고 열 및 물질을 재순환시켜 생태계를 일정하게 유지시키는 역할을 하고 있다.

3. 생태계의 물질순환

생명체의 주성분은 탄소, 산소, 질소, 수소, 인, 황 등으로 이루어져 있다. 이들 원소들은 생물이 성장하고 생명을 유지하기 위하여 필요하며, 지구상의 유기물 및 무기물을 흡수하고 태양에너지를 이용하면서 자연스럽게 형성된다. 그리고 분해자인 박테리아에 의해 사체를 분해하는 과정에서 다시 토양과 대기로 돌아가게 된다. 생태계 내에서 물질은 형태를 변화시키면서 생물과 비생물적 환경 사이를 이동하면서 순환하고 있다.

생물권에서 물질순환은 기체형, 침전형 및 수리형으로 나타난다. 기체형은 탄소, 산소, 질소 등으로 된 화합물이 가스상 물질의 형태 또는 대기로 순환하는 것이고, 침전형은 마그네슘, 칼슘, 인 등의 금속물질이 육지에서 바다 또는 바다에서 육지로 순환하는 것, 그리고 수리형은 물의 순환을 말한다.

물의 순환

지구상의 물은 액체, 기체 및 고체 상태로 육지, 바다, 대기 사이를 이동하면서 끊임없이 순환한다. 이러한 순환은 지구의 표면 위아래에 존재하는 물의 지속적인 움직임을 나타내고 물을 모으고 정화시키며, 재분배하는 자연현상이다. 물 순환의 원동력은 태양에너지이다. 태양에너지는 지구상의 바다와 육지에 존재하는 물을 증발시켜 대기로 끌어올리는 거대한 펌프역할을 한다. 대기로 올라온 수증기는 응결 과정을 거쳐 강수로 다시 바다나 육지로 되돌아온다. 이러한 과정을 물의 순환이라 하고 이 과정은 수백만 년에 걸쳐 일어나고 있으며, 이를 통해 지구상에서 물의 균형이 유지될 수 있다.

물의 순환은 증발, 식물의 증산작용, 응결, 강수, 유수, 침투 등의 과정으로 일어난다. 증발에 의해 물은 액체 상태에서 기체 상태인 수증기로 변한다. 증산은 식물 잎의 미세한 기공을 통해 물이 증발되는 것이다. 물이 수증기 상태에서 액체 상태로 전이되는 과정을 응결이라 하는데, 응결은 당시의 기온에서 공기가 증발을 통해 받아들일 수 있는 수증기의 양보다 더 많은

그림 2-4. 생태계의 물의 순환.

수증기를 포함하고 있을 때 일어난다. 대기 중의 수증기는 응결에 의해 강수로 바뀐다. 일부는 증발에 의해 다시 대기 중으로 돌아가고 일부는 식물에 흡수된 후 잎의 표면에서 증산된다. 또 일부는 토양 속으로 침투되고 나머지는 흘러서 바다로 간다.

탄소와 산소의 순환

탄소와 산소는 생물체의 가장 중요한 성분이며, 탄소는 유기화합물의 기본 골격을 이루고 있고 산소는 물의 형태로 존재하고 있다. 사람의 경우 49%가 탄소, 60% 이상이 물로 이루어져 있으며, 대부분 음식물로부터 공급받는다. 식물은 잎에서 태양에너지를 이용한 광합성 작용으로 물과 탄산가스를 흡수하여 영양물질과 산소를 만들고 식물체에 축적한다. 그리고 먹이사슬을 통하여 동물로 이동되고 생물체 내의 탄소는 호흡, 발효, 분해, 연소 등의 작용으로 기체인 이산화탄소로 되돌아간다. 따라서 탄소는 대기 중에 이산화탄소의 형태로 존재하고 육지와 바다의 생산자, 소비자, 분해자를 거쳐 다시 대기 중으로 돌아간다.

화석연료는 동식물들이 6억 년 동안 땅속에 파묻혀 지압과 지열에 의해 만들어진다. 생물들의 잔해가 미생물에 의해 분해되면 토탄 덩어리가 생성되고 이들은 오랜 시간을 지나면서 다져지고 땅속의 온도상승으로 토탄에 들어 있는 물, 산소, 질소 등이 빠져나가면서 탄소만 남게 된다. 이러한 탄화작용에 의해 석탄, 석유, 천연가스 등의 화석연료가 생성된다. 이처럼 생물체

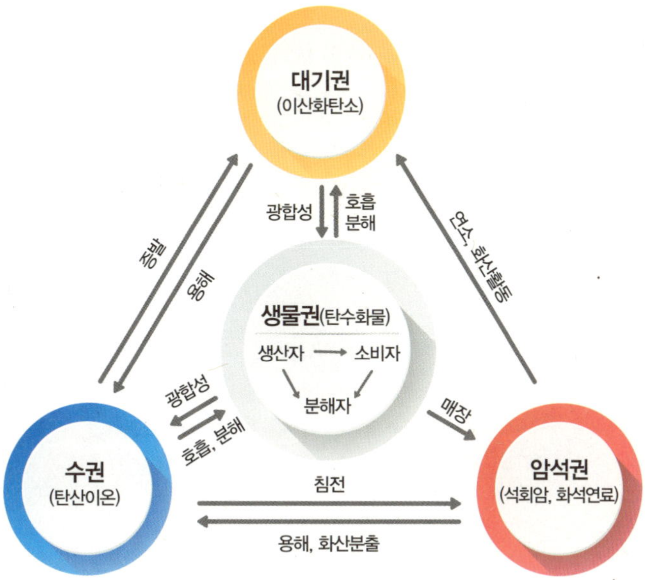

그림 2-5. 생태계의 탄소의 순환.

의 이산화탄소는 화석연료 형태로 저장이 되고 화석연료는 연소될 때 이산화탄소를 대기 중으로 배출한다. 화석연료 연소로 배출되는 이산화탄소의 65%는 해양으로 흡수되거나, 육상식물에 의해 이용되고 나머지는 대기에 그대로 축적된다.

질소의 순환

질소는 생물체를 구성하고 있는 질소화합물인 단백질, 핵산, 비타민, 효소 등의 구성성분이다. 대기의 78%가 질소로 되어 있지만 대부분의 생물들은 이러한 기체 상태의 질소를 사용할 수 없고 질산염의 형태로 사용한다. 미생물에 의해 대기 중의 질소가 토양 속에 고정되고, 식물은 이를 흡수하여 질소동화작용으로 유기질소화합물을 생성하며, 동물들은 식물을 섭취하여 필요한 질소화합물을 만든다. 따라서 질소의 순환은 질소고정 → 광물질화작용 → 질산화작용 → 질소동화작용 → 탈질작용 등의 과정을 거치게 된다.

▶질소고정

질소고정 미생물은 공기로부터 질소가스를 흡수하여 암모니아나 질산염과 같은 질소화합물로 전환시킨다. 질소를 식물들이 이용할 수 있는 질산염의 형태로 고정할 수 있는 대표적인 생

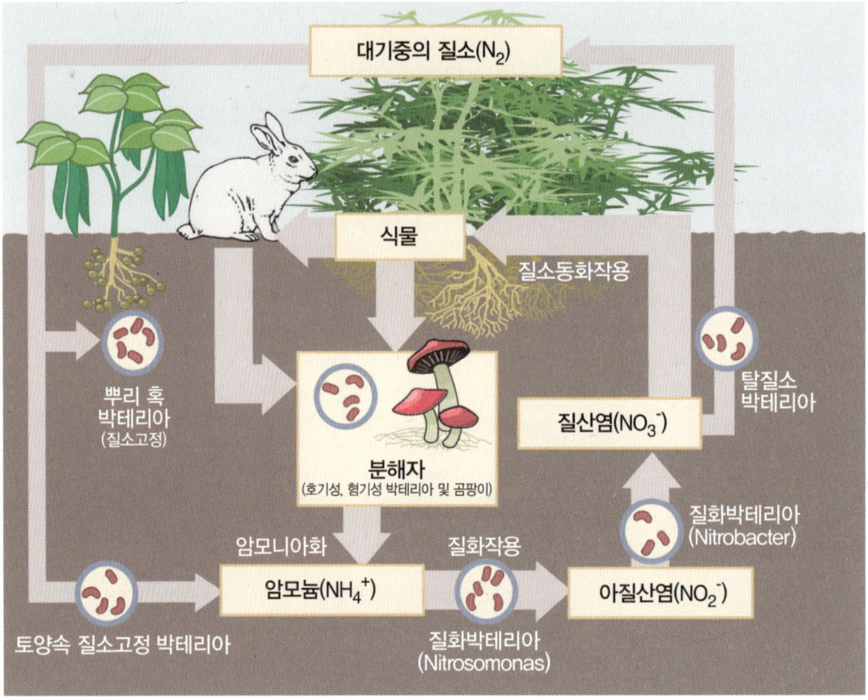

그림 2-6. 생태계의 질소의 순환.

물은 뿌리혹박테리아이다. 뿌리혹박테리아는 땅속 흙알갱이 사이에 있는 질소를 흡수하여 생물이 이용할 수 있는 질소화합물로 만든다. 이밖에도 대기 중의 질소를 고정하는 생물에는 호기성인 Azotobacter와 혐기성인 Clostridium과 같은 세균류와 Anabaena와 Nocstor와 같은 남조류가 있다.

▶ 광물질화작용

광물질화작용은 동식물의 사체나 동물의 배설물들을 미생물이 분해하여 유기질소화합물을 무기성 질소 형태로 전환시키는 것을 말한다.

▶질산화작용

광물질화 작용으로 생성된 무기성 질소는 질산화박테리아에 의해 질산화 과정을 거치게 된다. 암모니아성질소(NH4+)는 아질산균(Nitrosomonas)에 의해서 아질산성질소(NO2−)로 되고 아질산성질소는 질산균(Nitrobacter)에 의해 질산성질소(NO_3^-)로 된다.

▶질소동화작용

질소동화작용은 무기질소화합물을 유기질소화합물로 만드는 과정이다. 식물은 질산화 과정을 통하여 만들어진 NH_3, NO_3^-와 같은 무기질소화합물을 뿌리로부터 흡수하여 유기질소화합물 형태의 생체 구성성분을 만들게 된다.

▶탈질작용

탈질작용은 산소가 없는 혐기성 상태에서 무기질소화합물에 존재하던 질소가 분리되어 질소기체가 되는 과정이다.

인의 순환

인은 세포 원형질의 구성성분이며, 유전 정보나 단백질 합성에 관여하는 핵산(DNA, RNA) 및 세포 내의 화학에너지의 전송에 관여하는 물질(ATP, ADP)의 구성성분이다. 식물들은 인산염($PO4^{3-}$)의 형태로 인을 흡수하여 유기성 인을 합성하고, 이러한 유기성 인은 분해되면 다시 인산염으로 된다. 인은 탄소나 질소와 달리 공기 중에는 없고 땅에만 존재하기 때문에 유실이 잘 되고 보충이 이루어지지 않는다. 암석의 인은 침식작용으로 인산염의 형태로 용해되어 일부는 식물에 의해 흡수되고 나머지는 바다로 흘러들어 가게 된다. 바다로 유입된 인은 침전물의 형태로 가라앉아 퇴적되고 퇴적층 아래에 있는 인은 용출이 잘 일어나지 않는 것으로 알려져 있

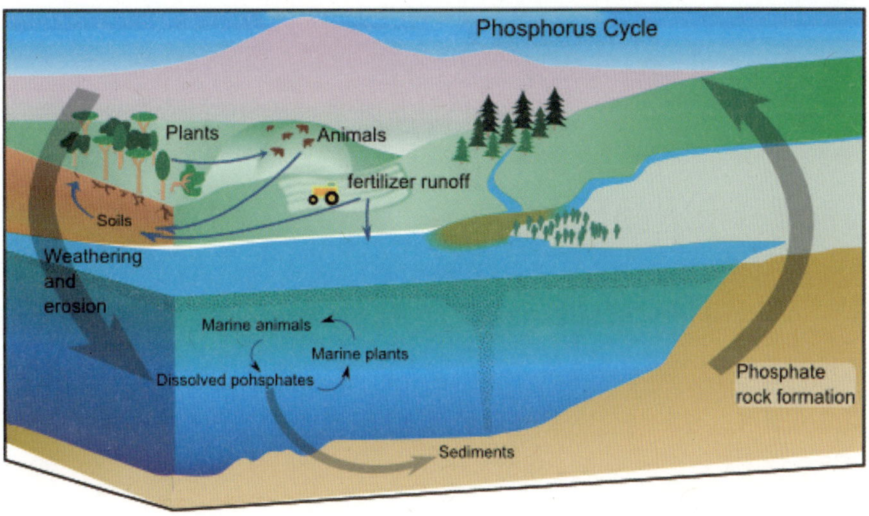

그림 2-7. 생태계의 인의 순환.

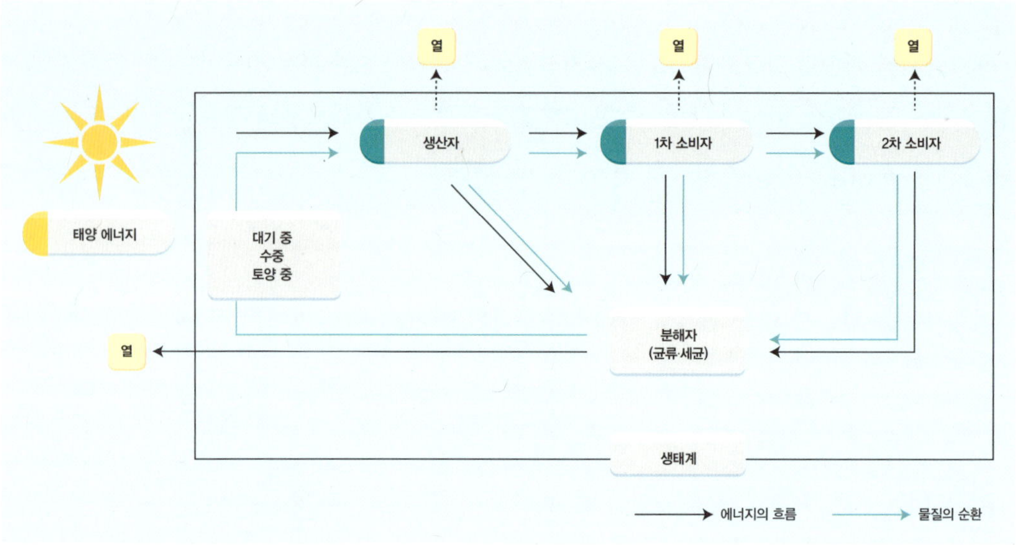

그림 2-8. 생태계의 에너지와 물질의 흐름.

다. 바다에서 인의 퇴적은 육지생태계로 운반되는 양보다 훨씬 많아 인의 순환은 균형이 잘 이루어지지 못하고 있다. 바다에서 물고기를 잡아먹고 사는 바닷새가 육지에 배설물을 남겨 인의 일부가 환원되기도 하지만 채굴되는 인광석의 대부분이 유실되고 있어, 인의 결핍으로 인하여 자연생태계에서 인이 생물의 성장제한요소로 작용할 수 있다.

4. 생태계의 에너지 흐름

생태계 에너지의 근원은 태양에너지이고, 이 에너지는 물질순환과는 달리 순환하는 것이 아니라 한 방향으로 흘러간다. 태양에너지는 생산자의 광합성 작용에 의해 화학에너지로 전환되어 유기물 속에 저장되며, 이 에너지는 먹이사슬을 통해 소비자에게 전달되어 소비자의 생명활동에 사용된다. 그리고 동물의 사체나 배설물 속에 포함된 화학에너지는 분해자에 의해 이용하고 나머지는 열로 방출된다. 따라서 생태계의 에너지 흐름은 어떤 것이 무엇을 먹거나 또는 분해시키는가 하는 것을 보고 파악할 수 있다. 이처럼 서로 먹고 분해하는 관계의 영속성을 먹이사슬 또는 에너지사슬이라고 한다. 즉 에너지의 흐름은 태양에너지 →생산자 → 1차 소비자

→ 2차 소비자 → 고차 소비자 → 분해자의 단계를 거치고, 에너지는 생산자와 소비자의 호흡 및 분해자의 분해 과정에서 열로 소실된다.

에너지 피라미드는 한 영양 단계에서 다음 영양 단계까지의 에너지 흐름을 나타내고 각 단계로 에너지를 전달하는 과정에서 일어나는 에너지 손실을 보여 준다. 생산자가 태양 에너지를 포착하여 식물에 필요한 물질로 전환시키는 양은 1%의 수준이고, 에너지는 한 영양 단계에서 다음 단계로 약 10%만 유용하게 전달되며, 나머지 90%는 주변 환경으로 방출되거나 열로 상실된다. 즉 에너지 순 생산율은 10%밖에 되지 않는다. 이것을 일컬어 10%법칙이라고 한다. 예를 들어, 식물의 약 10%는 초식동물의 먹이가 되고 나머지 90%는 분해자에 의해 숲으로 돌아간다. 따라서 먹이사슬이 짧을수록 유용한 에너지 손실은 줄어들게 된다.

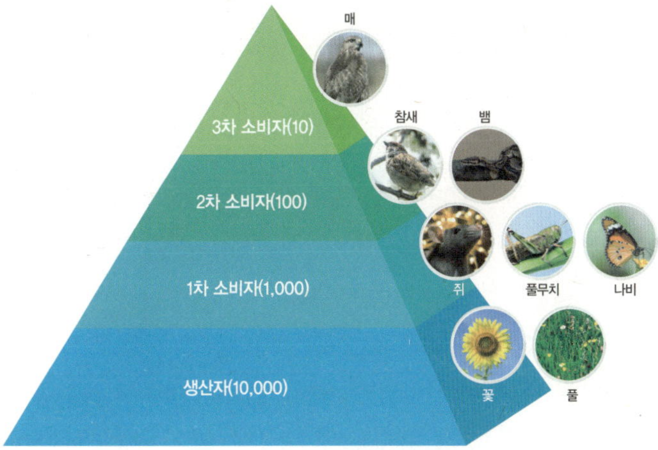

그림 2-9. 영양 단계별 바이오매스의 양(g/m²).

5. 변화하는 생태계

개발에 의한 생태계 변화

인류가 대단위 농지 개발, 삼림 벌채, 간척사업, 댐건설, 도로건설 등 인간의 개발행위 활동에 의해 생태계가 변화하고 있다. 대단위 농지 개발에 의해 대평원이 농작지로 변하게 되면 먹이사슬에 얽혀 있던 생태계는 안정을 잃게 되고 단순한 생태계로 변해 버린다. 대단위 삼림 벌채에 의해 숲이 파괴되고, 숲에서 살아가고 있던 많은 동물들은 자취를 감추게 되며, 토양 중의 유기물들이 대기에 직접 노출되어 척박한 토양으로 변하면서 사막화가 진행된다.또한 나무가 없으면 많은 비가 왔을 때 물을 흡수하여 저장할 수 없어 홍수나 토양의 유실을 막을 수 없

그림 2-10. 인간의 대단위 개발행위에 의한 생태계 변화.

다. 사하라 사막도 과도한 방목, 관개의 실패, 벌채 등의 결과이다. 열대지방은 과도한 개발로 더욱 극심한 피해를 나타내고 있다. 심한 강우현상은 토양 내의 인, 칼슘, 칼륨 같은 식물성장에 필요한 영양분들을 다량 용출시키고, 지속적인 침식작용으로 척박한 토양이 되어 식물들의 생존을 위협하게 된다.

대기오염에 의한 생태계 변화

대기오염물질에 의해 발생되는 지구온난화, 오존층 파괴, 산성비 등의 대기오염은 생태계를 변화시킨다. 화석연료의 연소에 의해 발생되는 이산화탄소는 지구온난화의 원인이 된다. 이런 이산화탄소의 증가는 기후의 변화를 가져와 남북극의 빙산을 녹여 해수면을 상승시킨다. 이산화탄소가 현재보다 2배 증가하면 해수면이 지금보다 10m 이상 높아져서 도시 일부가 바다에 잠기는 사태가 발생하게 된다. 지구온난화로 지구의 온도가 상승하면 기후에 적응하지 못하는 생물종은 멸종하여 생물종 다양성이 상실되고 해양생태계에도 변화를 가져온다. 대기오염물질 중 CFCs는 오존층을 파괴하고, 오존층이 파괴되면 자외선이 증가하여 식물의 생장을 저해하여 생산성을 떨어뜨리고 인체에는 피부암을 유발하는 등 생태계에 악영향을 미치게 된다. 산성비는 수중생태계에 영향을 미친다. 하천이나 호수에 산성비가 내리면 물의 pH가 낮아져서 식물성 및 동물성 플랑크톤, 부착조류, 수생식물의 조성이 바뀌고 단순화되며, 호수 밑바닥 토양 속의 유해 중금속이 용출되어 수생생태계에 영향을 주게 될 것이다. 황사는 안질, 호흡기 질환, 기관지염 등의 각종 질병을 일으키고 식물 잎의 기공을 막아 성장을 저해하여 농작물 발달에 지장을 초래한다.

그림 2-11. 산성비에 의한 나무 고사.

농약 살포에 의한 생태계 변화

그림 2-12. 농약살포에 의한 생태계 변화.

인류는 식량으로 다양한 농작물을 재배하고 있고, 농작물의 수확량을 늘리려고 병해충으로부터 농작물을 보호하기 위해 농약을 살포해 왔다. 그러나 농약 살포는 해충의 저항성 획득, 잠재 곤충의 병해충화, 농약의 잔류 등의 문제를 초래하였다. 유기염소 살충제는 물에 잘 녹지 않으며, 대부분 부유물 형태로 물속에 현탁되어 있다. 농작물은 살충제의 직접 살포와 토양을 통한 흡수에 의해 오염된다. 또한 살충제의 살포로 해충의 수는 줄어들었지만, 오히려 세력이 더욱 증가된 곤충이 생겨날 수 있어 해충의 피해가 반드시 감소하는 것은 아니다. 농약성분인 DDT는 내분비 교란물질로 화학적 구조가 생명체의 호르몬과 비슷하여 생명체에 흡수될 경우 정상적인 호르몬의 기능을 혼란시킴으로써 생태계를 교란시키게 된다. 살충제의 피해는 야생동물에게 많은 영향을 미치게 되는데, 살충제의 중독작용으로 야생조류는 죽거나 알껍데기가 얇아져서 부화가 되지 않아 개체 수가 점차 감소하고 있다.

육상 및 수생태계의 변화

인류의 발달과 함께 식생이 파괴되기 시작하여 이젠 식생이 자연 그대로 보존된 원시림은 거의 찾아보기 힘들다. 인간의 활동에 의한 식생파괴는 필연적으로 야생동물과 식물의 감소를 초

그림 2-13. 수질오염에 의한 부영양화 현상.

래하고 결국에는 멸종하게 만든다. 이러한 멸종은 생태계 파괴로 이어져 우리 인류의 장래는 암담하게 될 것이다. 이를 막기 위해서는 인위적으로라도 생태계를 보호해야 하며, 보호해야 할 동물과 원시림은 천연기념물로 정하여 보호해야 하며, 전 세계 모든 사람들이 야생동물 보호 사상을 고취하여야 할 책무가 있다.

수질의 오염원은 하수, 분뇨, 공장폐수, 광산폐수, 석유폐수, 온 폐수 등이 있다. 하수나 분뇨는 발효성 유기물을 많이 함유하고 있어 부영양화의 원인이 되고 있다. 부영양화는 조류가 현저하게 증식되어 호수나 저수지에 녹조현상을 발생시키고, 해양에서는 적조현상을 발생시킨다. 광산폐수는 강산성 또는 중금속 등을 함유하고 있어 수생생물에 큰 영향을 끼치며 석유폐수는 석유 수요의 급증에 따라 해양오염의 주원인이 되어 해안의 양식어업에 큰 타격을 준다. 그리고 원자력발전소 주변 해역은 온 폐수로 해양의 수온이 증가하여 수생태계에 영향을 미치고 있다.

6. 환경호르몬

환경호르몬이란

우리 몸에는 수천 개의 호르몬이 있고, 여러 기관에서 만들어진 호르몬은 신체가 항상성을 유지하도록 한다. 이들은 물질대사, 생식, 세포증식에 직접 관여하며, 수많은 호르몬 중 하나라도 이상이 생기면 신체기능에 장애를 초래하고 심할 경우 사망에 이르게 된다. 그러나 환경호르몬은 우리 몸속의 내분비계에서 분비되는 호르몬은 아니지만, 구조가 유사하여 몸속에서 진짜 호르몬처럼 작용해 인체의 호르몬 기능에 여러 가지 악영향을 끼치게 된다.

환경호르몬의 공식 명칭은 내분비계 장애 물질로 정상적인 호르몬 기능에 영향을 미치는 합성 혹은 자연 상태의 화학물질이다. 이 물질은 생체 내 호르몬 합성, 방출, 운반, 수용체와의 결합, 수용체 결합 후 신호전달 등 일련의 과정에 관여해 혼란을 일으켜 생태계와 인간의 성장을 억제하거나 생식기능 등에 악영향을 초래한다.

환경호르몬의 종류 및 영향

▶ 다이옥신(dioxin)

다이옥신은 상온에서 무색의 결정성 고체이며, 물에 잘 녹지 않고 열화학적으로 안전해 자연계에서 잘 분해되지 않아 안정적으로 존재하는 인간이 만든 모든 물질 중에서 가장 독성이 높은 것 중의 하나이다. 토양 속에 있는 다이옥신은 빗물에 의해서도 묽어지지 않고, 생물체 안에 들어온 다이옥신은 지방조직에 잘 녹기 때문에 소변으로 잘 배설되지 않고 생물체의 지방조직에 축적되어 독성을 나타내기 때문이다.

독성은 0.05㎎ 미만으로도 쥐를 죽일 수 있고, 직접적인 피부 접촉을 통하거나, 먼지·연기·증기 등을 흡입하여 폐를 통하거나, 구강을 통해 주로 흡수되어 전신에 해를 미친다. 만성 피부질환, 근육 기능장애, 여러 가지 신체의 염증, 각종 암, 발기부전, 기형아, 유전자 돌연변이, 신경계 질환 등을 일으킬 수 있다고 알려져 있다.

고엽제인 에이전트 오렌지의 주성분으로 사용하거나, 탈취제, 항균제의 재료로 사용하기도 하고, 폐기물 소각, 화학 및 살충제 제조, 펄프 및 종이 표백과 같은 염소를 포함한 유기화합물을 취급하는 여러 산업공정의 의도하지 않은 부산물로 배출되기도 한다.

▶ 폴리염화바이페닐(PCBs)

PCBs는 먹이사슬을 통해 체내에 축적되어 인체 위해성이 우려되는 환경호르몬이다. 주로 신경 내분비계 장애를 유발해 신경계 독성을 일으키는 특성이 있다. PCBs는 화학적으로 안정하여 축전기, 변압기 등 절연체, 윤활제, 도료의 첨가제, 방화재료, 가소제 등에 전 세계적으로 사용되었으나, 1970년대부터 세계적으로 생산 및 사용을 금지·규제하고 있으며, 우리나라도 1979년부터 폴리염화비페닐 사용을 금지하고 있다.

폴리염화비페닐은 도시폐기물 처리, 기계장치로부터 누출되어 환경에 배출된다. 지용성으로 물에 잘 분해되지 않기 때문에 토양과 지하수에 오랫동안 남아, 유기체에 축적되고 먹이사슬을 통하여 사람에게 영향을 미치게 된다. PCBs에 과다 노출되면 간 기능 이상, 갑상선 기능 저하·비대, 피부발진·착색, 면역기능장애, 기억력, 학습 및 지능 장애, 저체중아 출산 등 인체에 유해한 영향을 줄 수 있다.

▶ 비스페놀 A(bisphenol A)

비스페놀은 A는 폴리카보네이트(PC), 폴리아릴설폰(PASF), 에폭시수지 같은 플라스틱 제조시 가소제로 사용된다. 폴리카보네이트는 열에도 강하고 투명하게 만들 수 있어 CD의 재료, 용기, 유아용 젖병 등에도 사용된다. 에폭시수지는 음료 캔 등의 코팅제와 치과에서 사용하는 수지를 만들 때 사용된다. 플라스틱 외에 감열지로 만들어진 영수증의 현색제에도 비스페놀 A가 들어 있다. 영수증 속 비스페놀 A는 피부를 통해 침투할 수 있어서 주의가 요구되고, 음료 캔의 손상된 부분에서도 비스페놀 A가 용해될 수 있다.

비스페놀 A에 반복적으로 노출되면 눈과 기관지가 손상되거나 염증이 유발된다. 최근에는 대사증후군(비만, 당뇨, 고혈압), 심혈관 질환 등 만성질환과 연관성이 있다는 결과도 보고되고 있다. 임산부·수유부가 비스페놀 A에 반복 노출되면 태반이나 모유를 통해서 가장 민감한 대상인 태아나 영유아에게 전달될 수 있다. 이는 소아비만이나 주의력결핍 과잉행동장애(ADHD)를 유발할 수 있다.

▶ 프탈레이트계 화합물

프탈레이트는 주로 유연하고 탄력있는 폴리염화비닐(PVC) 같은 플라스틱을 제조하는 가소제로 사용되지만, 공기청정기, 섬유유연제, 샴푸, 샤워젤, 화장품 등 개인 위생 제품에도 사용된다. 그리고 가구, 장판, 매트리스, 벽지에도 함유되어 있다. 프탈레이트 화합물의 독성과 유해성이 알려지면서 일부 사용이 제한 되었지만 여전히 광범위하게 사용되고 있다.

생활 속에 프탈레이트가 들어 있는 다양한 제품들과의 접촉이나 공기의 흡입 등 여러 경로를 통하여 인체 노출이 일어난다. 여성의 경우 자궁내막증, 다낭성 난소 증후군을 유발하고, 프탈레이트에 노출된 임산부는 양수, 탯줄, 혈액을 통해 태아에게도 영향을 미친다. 신생아·유아·어린이의 경우 체내 면역체계가 완전히 발달하지 않아 노출에 특히 취약하며, 주의력결핍과잉행동장애(ADHD)의 원인이 될 수 있다.

환경호르몬 대처법

▶ 환경호르몬 섭취 및 노출을 줄이는 방법

1. 조리 시 고기나 생선의 내장 제거
2. 일회용품의 사용 제한
3. 전자레인지 전용 용기 사용
4. 어린이가 장난감을 만진 후 손 세척
5. 어린이가 장난감을 입으로 빨지 않기
6. 실내 환기 및 청소 철저히 하기
7. 지방이 많은 부위 섭취 자제
8. 플라스틱 용기 구입 전에 어떤 종류인지 확인
9. 뜨겁거나 액체 상태의 식품은 되도록 유리, 도자기, 스테인리스 소재 용기에 담기
10. 먹이사슬의 하부를 이루고 있는 음식(곡물·채소·과일 등)을 주로 섭취한다.
11. 유기농 음식을 먹는다.
12. 음식을 전자레인지에 돌릴 때는 식품포장용 랩을 제거한다.
13. 실내외에서 아이나 애완동물이 살충제에 노출되지 않도록 살충제를 사용하지 않는다.
14. 폐건전지는 위험한 오염물질이란 사실을 명심한다.
15. 손을 자주 씻고, 바닥·창틀을 자주 닦는다.
16. 초강력 세제는 사용하지 않는다.

출처: 식품안전나라

제 3 장

에 너 지

1. 우리 생활 속의 에너지

갑자기 전기가 들어오지 않으면 무슨 일이 벌어질까? 아마 우리는 텔레비전, 냉장고, 컴퓨터, 휴대전화 등 전자제품을 사용할 수 없어 불편함을 겪을 것이다. 이렇게 전기 공급이 중단됨과 동시에 우리 생활이 거의 마비되는 것을 보면, 에너지가 우리 생활에 얼마나 소중한 것인지 알 수 있다. 원시 시대에는 모닥불로 밤을 밝히고 가축의 힘을 이용해서 농사를 지었다. 그러나 현대는 가스레인지나 전기밥솥으로 요리를 하고 자동차를 타고 이동을 하고 여름이면 선풍기나 에어컨을 사용하고 겨울에는 난방기기를 사용하는 등 다방면에서 에너지를 사용하고 있다. 이렇듯 인류는 에너지를 개발하고 이용하면서 발달해 왔다.

원시 시대는 모닥불, 중세 시대는 수차, 풍차, 가축 등 자연의 힘을 에너지원으로 사용하였고, 18세기에는 증기 기관의 사용으로 효율을 높이는 석탄을 사용하였으며, 19세기에는 석유가 새로운 에너지원으로 등장하게 되었다. 그리고 20세기에는 원자력에너지가 개발되어 사용되었다. 이렇듯 에너지는 시대에 따라 변천되어 왔다. 석유와 석탄은 현대의 산업문명을 움직이게 하는 중요한 에너지자원이고 인류의 생존과 경제적 발전 및 인류의 육체적 안락함을 위해 쓰이는 것 이상으로 생활수준을 향상시키는 기본요소가 되었다. 그러나 이들 화석연료는 6억년 전에 지구상에 살던 동식물들이 땅속에 묻혀 만들어진 것으로서 광물자원처럼 한 번 사용하고 나면 다시 만들 수 없는 재생 불가능한 자원이다. 따라서 매장량이 한정되어 있어 언젠가는 고갈될 것이다. 더구나 대부분이 중동 지역에 매장되어 있어, 1973년 1차 오일쇼크와 1978년 2차 오일쇼크로 인해 원유 가격의 폭등으로 석유파동 문제가 발생하였듯이 오일쇼크는 언제든지 재현될 수 있다. 따라서 이런 에너지 문제를 해결하기 위해서는 에너지 사용을 줄이고 대체할 수 있는 에너지원을 개발해야 할 것이다.

그림 3-1. 에너지를 이용하는 생활 속의 다양한 전자기기.

2. 에너지란?

물리학에서는 어떤 물체에 힘을 가하여 일정한 방향으로 물체를 이동시켰을 때 '일을 하였다'라고 한다. 이처럼 일을 할 수 있는 능력을 에너지라고 한다. 높은 곳에 있는 물체는 위치 에너지를 가지고 있으며, 운동하는 물체는 운동 에너지를, 또 뜨거운 물체는 열에너지를, 밝은 물체는 빛에너지를 가지고 있다. 이처럼 에너지는 여러 가지 형태를 가지고 있고, 이런 에너지는 한 형태에서 다른 형태로 변화될 수 있다. 예를 들면 증기 기관차는 열에너지가 운동 에너지로 바뀌는 것이며, 전등은 전기에너지가 빛에너지로 바뀌는 것이다. 이렇게 에너지는 형태를 바꾸지만 에너지 전체의 양은 변하지 않는다. 이것이 열역학 제1법칙인 에너지 보존의 법칙이다. 그러나 열역학 제2법칙에 의해 열에너지 전체를 다른 형태의 에너지로 완전히 바꾸는 것을 불가능하다. 화력발전소에서는 화석에너지의 35%만 전기에너지로 바꿀 수 있고 나머지는 사용할 수 없는 열로 소실된다. 따라서 지구상에 존재하는 에너지의 합은 일정하지만 결국 우리에게 필요한 에너지는 부족하게 된다.

화력발전소에서는 화력에너지의 약 35%를 전기에너지로 바꿀 수 있다.

열역학 제2법칙

열에너지 전체를 다른 형태의 에너지로 완전히 바꾸는 것은 불가능하다. 지구상에 존재하는 에너지의 합은 일정하기 때 문에 결국 우리에게 필요한 에너지는 부족하게 된다.

그림 3-2. 에너지의 변환(열역학 제2법칙).

3. 화석에너지

화석에너지의 생성

화석에너지는 지질 시대에 동물, 식물이 지각 속에 묻혀 산소가 공급되지 않는 상태에서 열이나 압력에 의하여 분해되어 생성된 것이다. 화석에너지는 태양에너지가 바이오메스(Biomass)의 형태로 축적된 다음 화석화된 것이며 화학적 에너지의 한 형태이다. 매장되어 있는 형태에 따라 고체, 액체, 기체의 형태로 되어 있다.

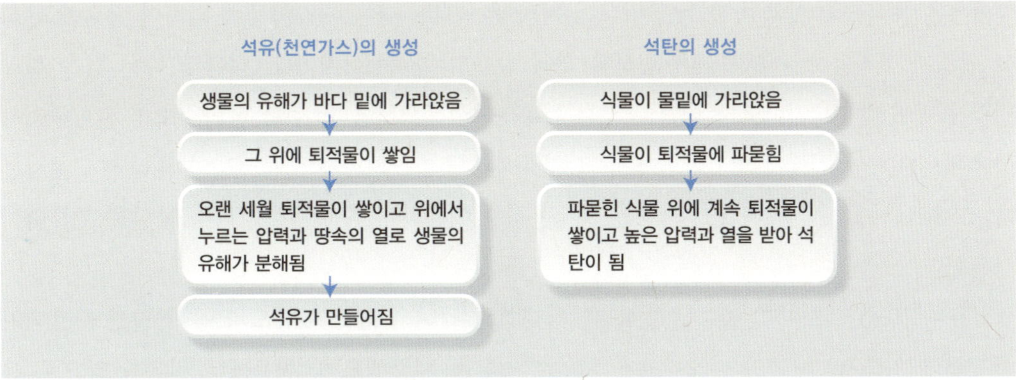

그림 3-3. 화석에너지의 생성 과정.

화석에너지의 종류

▶ 석탄

석탄은 주로 과거의 식물자원이 땅속에 묻힌 상태에서 오랜 세월이 흐르면서 열과 압력에 의하여 식물의 섬유소가 휘발성 물질을 방출하고 고체의 탄소 덩어리로 변화하여 생성된 것이다. 식물의 섬유소는 이탄, 갈탄, 역청탄, 무연탄 등의 석탄화 과정을 겪는다. 이탄은 식물질이 퇴적되어 만들어진 식물질 덩어리의 석탄이다. 갈탄은 이탄과 역청탄의 중간단계로 점착력이 없고 무른 성질을 갖는다. 이탄과 갈탄은 수분이 많고 쉽게 부스러지는 성질을 나타내고, 발열량이 적은 이유로 연료로서의 가치가 적다. 역청탄은 휘발성의 액체가 10~30% 포함되어 있으며 무른 성질을 갖는다. 가장 풍부한 석탄자원이며 석탄을 이용한 화학산업의 주요 원료이다. 무연탄은 지각의 깊은 곳에서 마그마의 열과 압력을 받아 더욱 탄화가 진행된 석탄이다. 우리나라에 사용하는 연탄의 주 원료이다.

지구상에서 상당한 양의 석탄이 저장되어 있지만, 석탄은 배출되는 이산화탄소로 대기 환경 문제를 초래하는 연료이기 때문에 현재 소비량이 줄어들고 있다. 석탄은 산업혁명 시대에 주요 에너지원으로 증기엔지, 금속공업 및 유리 제조 등에 주로 사용되었다. 석탄은 전 세계에 비교적 고르게 분포되어 있고 약 1/2이 유럽과 북미 등의 선진국에 매장되어 있고 나머지는 개발도상국에 매장되어 있다. 전 세계 석탄의 매장량은 약 1조 톤으로 미국이 40% 이상을 차지하고 있으며, 앞으로 약 200년 동안 사용가능할 것으로 예상된다.

▶ 석유

석유는 동식물의 사체가 호수나 바다의 바닥에 퇴적된 다음 지각활동에 의하여 땅속에 묻히고 압력과 열작용으로 분해되어 생성된 액체 상태의 화석에너지이다. 석탄과 다른 점은 휘발성의 물질이 방출되지 못하는 지각구조를 갖는 곳에서 생성된다. 주로 탄화수소의 혼합물이며 상온에서 기체인 것에서부터 상온에서 고체인 성분에 이르기까지의 물질들이 혼합되어 존재한다. 그대로 사용하기는 어렵고 적당한 정제장치를 이용하여 휘발성에 따라서 물질을 분류하여 사용한다.

석유는 1920년대 이후 열량이 높을 뿐 아니라 취급하기 쉽고 이용도가 높아 널리 사용되기 시작했다. 1859년 미국의 드레이크가 최초로 석유를 채굴했으며, 처음에는 원유를 약으로 사용하여 콜레라, 티눈, 치통, 신경통의 묘약, 심지어 대머리 특효약으로도 선전되었다. 미국에서는 자동차 연료로 총량의 약 절반 가량이 소비되었고 산업계에서는 나일론, 플라스틱, 의약품 등의 제품 생산에 사용되었다. 2020년 기준 전 세계의 석유매장량은 약 1.7조 배럴 정도로 추정되며 48.3%가 중동에 저장되어 있으며 앞으로 40년 정도 사용가능할 것으로 보인다.

▶ 천연가스

천연가스는 석탄이나 석유가 생성될 때 만들어진 기체상의 화석연료로 보통 석탄지대나 유전지대에서 많이 발견된다. 천연가스의 주요성분은 80~85%가 메탄(CH_4) 가스로 되어 있으며 환경오염물질의 원인이 되는 황(S) 함량이 낮은 이점 때문에 청정에너지원으로서 이용가치가 높다. 천연가스는 상온에서 기체 상태이기 때문에 많은 양을 한곳에 저장하는 데에는 많은 어려움이 있으며 파이프라인을 통해 수송하는 방법과 액화천연가스로 운반하는 방법을 이용하여 수송 및 저장한다. 천연가스는 과거에 도시가스로 사용되던 액화석유가스에 대체되어 대도시 지역의 도시가스로 사용된다.

전 세계에 매장이 확인된 천연가스는 약 179조m^3인 것으로 집계되었으며 향후 100년간 사용이 가능할 것으로 보인다.

화석연료 사용으로 인한 환경문제

화석연료는 현재 가장 많이 사용되는 연료로서 현대사회에서 가장 중요한 자원이다. 그러나 화석연료 사용으로 많은 환경문제를 야기하고 있다.

화석연료를 채굴하는 과정에서 수질 및 토양오염 문제가 발생할 수 있다. 즉, 석탄채광 작업 중 물이 탄광을 씻어 내리면서 오염물질이 발생할 수 있다. 석탄은 황 화합물인 황철광을 포함하고 있는데, 물이 탄광을 씻어 내리게 되면 황철광이 묽은 산으로 변화되어 주변의 하천을 오염시킨다. 특히 노천 탄광에서의 채광은 인근 지역을 심각하게 오염시킨다. 채광이 끝나고 난 뒤 버려진 폐광은 별다른 주의를 기울이지 않고 그 지역에 파헤쳐진 채로 있는데, 지표면 밖으로 나온 석탄 이외의 물질은 채광이 끝난 다음에는 쓰레기나 오염물질이 되어 환경문제를 일으킨다. 석유의 채굴과 정제, 수송 및 소비 과정에서도 수질오염을 유발한다. 예를 들면, 석유를 채굴하거나 운반하는 과정에서 석유가 유출되면 수로나 인근 해안이 오염되어 주변 지역에 살고 있던 동물과 식물이 생명을 잃게 되고, 일정 기간 동안 그 지역에는 어떤 동식물도 살 수 없게 된다. 또한 석유를 수송하는 과정 중에 발생하는 유조선 사고는 바다를 오염시켜 해양의 생태계를 파괴한다.

석탄, 석유 그리고 천연가스 등의 화석연료를 이용하는 화력발전소, 공장, 내연기관 등에서 질소 산화물, 황산화물, 탄화수소 등의 해로운 오염물질이 발생하여 공기를 오염시키고 우리의 건강에 해를 끼친다. 그리고 화석연료는 탈 때에 먼지, 연기, 그을음 등과 같은 미세먼지가 발생하는데, 이것들은 호흡기에 손상을 준다. 미세먼지를 포함한 공기 중의 먼지도 대기오염을 일으키며, 질소 산화물과 탄화수소는 공기 중에서 햇빛에 의해 결합하여 광화학 산화물을 생성하여 광화학 스모그 현상을 일으킨다. 자동차가 주요 배출 원인인 일산화탄소는 화석연료가 완전히 연소되지 않을 때 발생하는 기체로 두통을 일으키고 심장병이 있는 사람들에게는 추가적인 스트레스를 유발한다. 그리고 석탄, 석유 등의 화석연료를 태우거나 자동차 배기가스에서 발생하는 이산화황과 질소 산화물은 산성비의 원인이 된다. 산성비는 호수나 강을 산성화시키고, 농작물의 생장과 발육에 지장을 초래하며 장기간에 걸친 산성비는 건물과 교량, 구조물 등을 부식시킨다.

화석연료는 열오염원의 원인이 된다. 화력발전소는 화석연료를 연소시켜 발생하는 열로 전

그림 3-4. 화석연료 사용으로 발생하는 환경오염

기를 생산하게 된다. 그러나 발생한 열은 전부 전기를 생산하는 데 이용되지 못하고 일부만 이용된다. 따라서 나머지 열은 대기 중으로 방출되거나 냉각수로 사용된 물로 빠져나간다. 대기 중으로 방출된 열은 대기의 온도를 상승시키거나 열섬현상의 원인이 될 수 있고, 냉각수로 사용되어 데워진 물이 강이나 호수로 흘러들게 되면 인근의 수중생태계를 파괴하게 된다.

4. 원자력에너지

핵분열에너지란 무거운 한 개의 원자핵이 두 개로 쪼개지면서 핵분열이 일어날 때 감소한 질량만큼 발생되는 에너지를 말한다. 핵분열이나 핵융합 반응 시에 생기는 질량의 결손에 의하여 많은 양의 에너지가 지속적으로 방출되는 경우를 원자력에너지라 한다. 원자력발전소는 이런 원자력에너지를 이용한 것이다. 자연 상태에서는 핵분열이 매우 느리게 진행되므로 원자력발전소에서는 중성자로 원자핵을 충돌시켜서 핵분열이 일어나는 비율을 증가시켜 필요한 열과 전기를 얻는다. 1kg의 우라늄을 핵분열시키면 13,000BLL의 오일 또는 2,200톤의 석탄에서 얻을 수 있는 에너지의 총량과 같은 에너지를 얻을 수 있다.

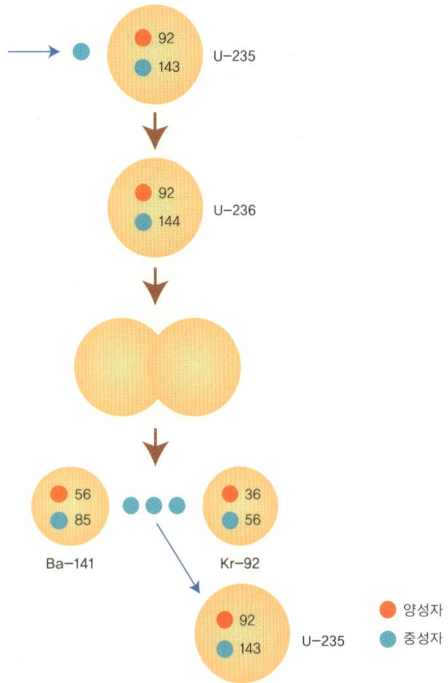

그림 3-5. 핵분열 과정

핵분열 물질에는 낮은 에너지의 중성자와 충돌하여도 쉽게 핵분열을 일으킬 수 있는 핵분열성물질(U235, U233, Pu239)과 중성자를 흡수하여 핵분열성 물질로 변할 수 있는 잠재핵분열성 물질(U238, Th232)이 있다. 지구상에 존재하는 천연우라늄은 핵분열성 물질인 U235가 0.7%, 잠재핵분열성 물질인 U238이 99.3%이다. 원자력발전소의 원자로와 원자폭탄은 우라늄의 핵분열에너지를 이용한다는 것은 같다. 그러나 원자로는 U235가 2~3%로 저농축된 우라늄을 사용하여 핵분열이 서서히 진행되면서 필요한 만큼의 에너지를 얻을 수 있고, 원자폭탄은 U235가 95% 이상 고농축된 우라늄을 사용하여 한꺼번에 핵분열을 일으켜 폭발하도록 한다는 점이 다르다. 따라서 원자로는 2차 대전 중에 히로시마에 떨어진 원자폭탄처럼 폭발할 가능성은 전혀 없다.

원자력에너지의 장점은 대기오염과 수질오염이 적은 에너지원으로서, 화석연료를 태울 때 발생되는 이산화탄소나 아황산가스가 발생되지 않아 지구온난화나 산성비와 무관하고, 발전용량이 크다는 것이다. 단점은 방사능 오염의 위험성이 있고, 발전소 건설비가 많이 들며, 핵연료 사용 후 핵폐기물을 안전하게 처리하기 어렵다는 것과 해양의 열오염원이 된다는 것이다. 그리

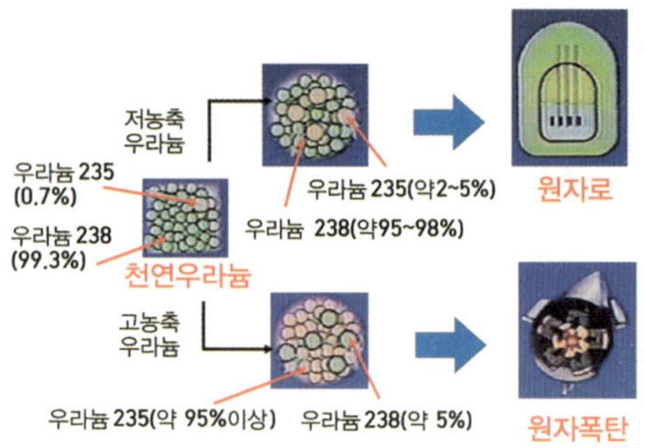

그림 3-6. 원자로와 원자폭탄의 차이.

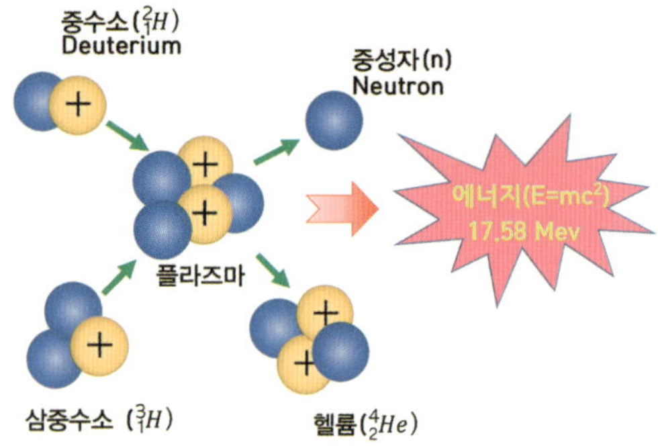

그림 3-7. 핵융합 반응.

고 대표적인 원전 사고로는 1986년 소련 체르노빌 사건과, 2011년 일본 후쿠시마 원전 사고가 있다. 체르노빌 사건은 구조결함에 의해 발생한 폭발로 방사능이 누출되어 최악의 원전 사고로 기억되며, 후쿠시마 원전 사고는 대지진의 발생과 함께 쓰나미가 들이닥쳐 후쿠시마 제1원전에서 수소가 폭발해 방사능이 누출됐다. 후쿠시마 원전 사고는 체르노빌 원자력발전소와 함께 국제원자력사고등급(INES)의 최고 단계인 7단계를 기록했다. 원전 사고가 발생한 지 11년이 지난 2022년, 후쿠시마 인근 수산물에서 다른 곳보다 방사성 물질이 4배 높게 검출되었고, 우럭과 송이버섯 등 일부 농수산물에도 기준치를 훌쩍 넘는 방사성 물질이 검출되었지만 일본에서는 자국 식품에 문제없다고 홍보했다.

일본 정부는 빗물과 원자로 밑을 흐르는 지하수에 의해 방사능에 오염된 방사능 오염수를 처리하기 위한 방안으로 대형 저장 탱크를 건설하여 보관했으나 그 양이 늘어나면서 저장 탱크는 가득 차게 되었고 2023년에 오염수를 바다로 방류하기로 결정했다. 이 결정은 많은 논란을 일으켰지만 일본 정부는 과학적으로 안전하다는 이유로 방류 입장을 굽히지 않았고, 2023년 8월 24일에 원전 오염수를 바다로 방류하기 시작했다. 하지만 아직까지 오염수가 인간에게 어떠한 영향을 미칠지는 모르기 때문에 많은 사람들은 방류에 대한 우려와 반대입장을 표명했다.

미래의 원자력발전으로는 핵융합발전이 있다. 핵융합발전은 핵융합반응에서 발생되는 원자력에너지를 이용한다. 핵융합반응이란 핵분열반응과는 반대로 높은 온도와 압력하에서 두 개의 가벼운 원소가 충돌하여 무거운 원자핵으로 변할 때 생기는 질량의 결손으로 많은 양의 에너지가 발생하는 것이다. 즉, 바닷물에서 추출할 수 있는 중수소를 결합시켜 헬륨을 만드는 반응으로서 수소폭탄의 원리와 같다. 태양열도 핵융합반응에서 나오는 에너지이다. 핵융합발전은 방사능 오염이 없는 미래의 청정에너지 후보로 연료(중수소)가 무한히 많고 방사능 오염도 없으며 핵폐기물도 발생하지 않는 꿈의 에너지라 할 수 있다.

5. 재생 가능한 에너지

재생가능 에너지(renewable energy)는 화석연료처럼 고갈되지 않고 자연 상태에서 만들어진 에너지를 말한다. 그 종류에는 태양에너지, 풍력, 수력, 생물자원(바이오매스), 지열, 조력 등이 있다. 이들의 대부분은 태양으로부터 오는데, 태양에너지에 의한 에너지는 풍력, 수력, 생물자원이고 태양에너지와 무관한 에너지는 지열과 조력이다. 풍력의 바람은 공기가 태양에너지를 받아서 움직이기 때문에 생기고, 수력의 물의 흐름도 햇빛을 받아 증발한 수증기가 비가 되어 내려오기 때문에 생긴다. 생물자원인 나무도 광합성을 통해서 만들어지기 때문에 태양에너지가 변형된 것이라 할 수 있다. 그러나 조력은 조수를 이용한 것으로 달이 지구를 잡아당기는 힘에서 생기게 되고, 지열은 지구의 내부 열로 인해서 생기기 때문에 태양에너지와는 크게 상관이 없다.

태양에너지

태양은 중심부의 온도가 1,500만℃ 이상, 외부 온도는 6,000℃이고 수소의 핵융합반응에 의해 에너지를 생산하고 그 에너지를 복사에너지의 형태로 지구표면에 전달한다. 태양에서 방출되는 에너지의 30%는 우주공간으로 반사되고, 20%는 구름과 대기에 흡수되며, 나머지 50%가 지표면에 도달하여 우리가 이용 가능한 에너지원이 된다. 태양에너지는 가시광선, 자외선, 적외선 영역으로 구분된다. 자외선은 대기상층의 산소분자나 오존층에 의해 흡수되고, 적외선은 대기 중 수증기 및 이산화탄소 등에 의해 흡수되며, 가시광선은 거의 대부분이 지표면에 도달한다.

이런 태양에너지를 활용하는 방법에 따라, 즉 태양열을 이용하는 태양열 발전과 태양광을 이용하는 태양광 발전으로 구분된다. 태양열 발전은 태양열로 직접 물을 끓여서 난방이나 온수로 사용하거나, 그 증기로 터빈을 돌려 전기를 생산한다. 태양광 발전은 태양전지를 이용하여

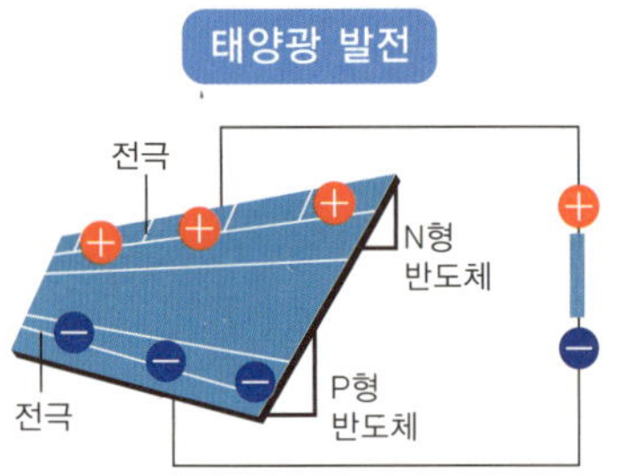

태양광 발전은 광전효과(물질이 빛을 흡수하면 물질의 표면에서 전기가 생겨 발생하는 효과)를 이용하여 직접적으로 전기를 생성(태양빛→전기)

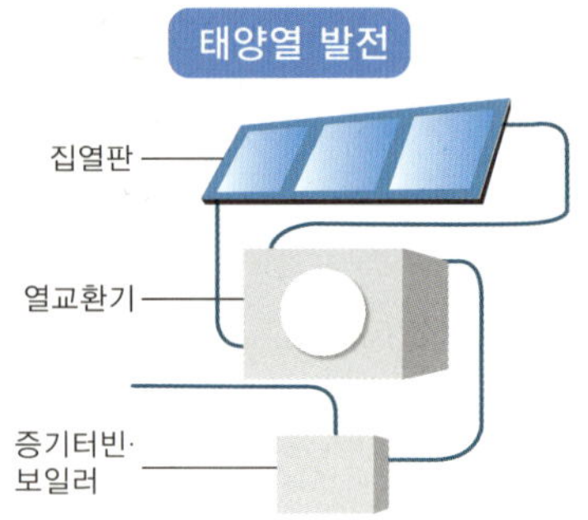

태양열 발전은 태양열로 물을 끓여 증기를 발생시키고, 이를 이용해 터빈을 돌려 전기를 생성(태양열→기계에너지→전기)

그림 3-8. 태양광 발전과 태양열 발전의 차이.

태양빛을 직접 전기에너지로 바꾸어 사용하는 것이다. 태양광, 즉 햇빛을 이용하면 연료가 공짜이며, 고갈될 염려가 없고 유지비가 거의 필요 없다. 전력공급이 원활하지 못한 외딴 집이나 외딴 섬 등에 전원을 공급하는 데 이상적이다. 태양광 발전은 환경오염물질을 배출하지 않아서 친환경 발전이라고 할 수 있다. 일반적인 발전시스템과는 달리 석탄, 석유와 같은 화석연료를 연소시켜 발전기를 구동시킬 필요가 없기 때문에 화석연료의 의존율을 감소시킬 수 있고, 화석연료의 사용으로 발생되는 산성비, 이산화탄소 증가 등을 고려하지 않아도 된다. 따라서 오염에서 자유롭고 영구적으로 사용 가능한 청정에너지원이다. 그러나 에너지 밀도가 낮아 발전 비용이 많이 들고, 초기 설치비용도 많이 들며, 계절이나 일조량 등 자연 조건에 크게 영향을 받는 단점이 있다.

빛에너지를 전기에너지로 변환하는 태양전지 재료와 장치는 1839년 프랑스 물리학자인 Edmond Becquerel에 의해 최초로 발견되었다. 과학이 발달하여 20세기에 이르러 태양전지 가격이 떨어져 현대 에너지 생산방식의 주류가 될 수 있었다. 주변에서 쉽게 찾아볼 수 있는 태양전지를 사용한 제품으로는 휴대용 계산기, 손목시계의 전원 등이 있고, 태양광 발전 전기는 대도시뿐만 아니라 고립된 지역에 거주하는 사람들에게 공급된다. 단순한 태양전지 시스템은 식수용 양수펌프나 공기를 냉각시키는 환기팬에 전원을 공급할 수 있다. 태양전지 시스템과 배터리 저장장치는 전 세계에 전등, 센서, 녹음장비, 스위치, 가전기기, 전화기, TV 등의 전원을 공급하는 데 사용된다. 태양전지 시스템은 낮 동안 전기를 생산하고 배터리는 밤에 사용할 목적으로 전기를 저장한다. 대량의 전기를 공급할 때 이용되는 태양전기발전기는 밤이나 흐린 날에도 전기가 필요할 때 항상 전기를 생산할 수 있다.

현재 일본, 미국, 유럽이 태양광 발전산업에 우위를 점유하고 있다. 1990년대 후반부터 급격한 성장으로 일본이 가장 선두에 있으며 2001년에는 약 450MW 정도가 보급되었다. 그리고 독일은 2002년 200MW를 보급하며 세계 2위의 태양전지 국가로 진입하였다. 우리나라는 1990년에 태양광 발전 기술이 본격적으로 시작되었으나 IMF 경제위기와 예산 확보의 어려움으로 선진국과의 기술차이가 크게 심화되었다. 2001년에는 792kW의 태양광 발전 전력이 보급되었으며, 그 중에서 외딴섬과 건물에 259kW가 적용되어 가장 많은 부분을 점유하고 있으며, 교통신호나 통신에 사용된 전력량이 두 번째로 많았다.

독립형 태양광 발전기는 생산된 전기를 그 장소에서 직접 쓸 수 있도록 설비한 장치이다. 태양 전지판, 축전지, 변환기로 구성되어 있고 친환경적이며, 비용 면에서 저렴하기 때문에 전기가 잘 들어오지 않는 도서지역이나 산간벽지 등 전원 공급이 원활하지 못한 지역에서 유용하게 사용할 수 있다. 햇빛을 5시간만 받으면 에너지 절약 전등 세 개를 켜고 라디오를 들을 수 있다.

▶ 태양광 발전

태양광 발전기는 에너지를 가지고 있는 빛, 광자가 특정 물질에 닿아 전기에너지로 변환되는 광전효과라는 물리적 변환을 이용하여 전기를 생산한다. 고효율 방식으로 약 50~52%의 효율을 달성하여 다른 발전 방식에 비견할 만하나 고효율 방식은 제조비가 비싸다. 바로 사용하는 가정용, 주택용 태양광 발전기는 송전으로 인한 추가 효율 감소가 없지만, 도심에서 멀리 떨어진 곳에서 생산해서 송전하게 될 경우, 저장이나 송전 등으로 인해 5~10% 정도의 추가 효율 감소가 발생할 수 있다.

태양 전지판에서 만들어진 전기를 텔레비전, 냉장고, 전등 등에 곧바로 공급.

그림 3-9. 독립형 태양광 발전.

2015년 파리기후협약에 따라 세계 각국은 탄소 배출량을 대폭 감축하여야 하는 상황이며, 미국 도널드 트럼프 대통령은 일방적인 결정으로 기후협약에서 탈퇴했지만 중국을 포함한 나머지 국가들은 미국 없이도 협약을 준수할 것을 선언했다. 그러나 2021년 1월 20일, 조바이든

이 미국 대통령으로 취임하면서 파리협정에 재가입했고, 환경적으로 '유해'한 트럼프의 각종 정책을 취소하였다. 중국의 경우엔 주요 사막지대인 신장과 내몽골에 태양광 발전시설을 세우면서 국가 주도로 사업체를 성장시켰다. 국내에서는 2010년 정부에서 태양광을 제2의 반도체 산업으로 육성한다는 계획으로 신재생에너지 분야에 40조원을 투입해 2015년 세계 5대 강국으로 도약한다는 계획을 세웠다.

▶ 수상태양광 발전

기존의 태양광 발전시스템은 사막이나 황무지 등 유휴지를 주로 활용했다. 그러나 유휴지가 적은 지역에서는 태양광 발전을 설치하기에 어려움이 있었다. 땅 대신 파도가 없고 수면이 대체로 안정적인 저수지에 수상 태양광 발전을 설치하게 되었다. 중국에서는 2017년 안후이성 화이난(淮南)에서 40MW의 시설을 가동했고, 우리나라는 2008년부터 개발을 시작하여 2009년 한국수자원공사가 주암댐에 2.4kW급 실증 플랜트를 설치했다. 2023년 합천댐에 40MW 규모의 수상태양광이 설치되어 연간 2만 6천톤의 탄소와 30톤의 미세먼지 절감 효과를 나타내고, 연간 2만 가구에 전기를 공급할 수 있는 청정에너지를 생산하고 있다. 수상태양광은 태양광 모듈을 부유체에 얹어 수면에 띄우는 방식이다. 태양광 모듈과 부유체, 부유체가 흘러가지 않고 일정한 장소에 떠서 정남향을 유지하게 하는 계류 장치와 생산된 전기를 보내는 전기설비로 구성되어 있다.

▶ 우주태양광 발전

태양에너지가 지표면에 도달할 때 일부는 대기 중에 흡수되거나 반사되기 때문에 태양에너지가 모두 도달하지 못하고 50% 정도만 지구 표면에 도달하게 된다. 그러나 우주공간에서는 태양에너지가 대기의 방해를 받지 않기 때문에 우주 공간에서 태양에너지를 활용하는 우주태양광 발전시스템에 대하여 미국과 일본에서 적극적으로 연구를 시도하고 있다. 우주 태양광 발전은 우주공간에 태양전지판을 설치하여 태양광 발전을 시행한 후 그 전력

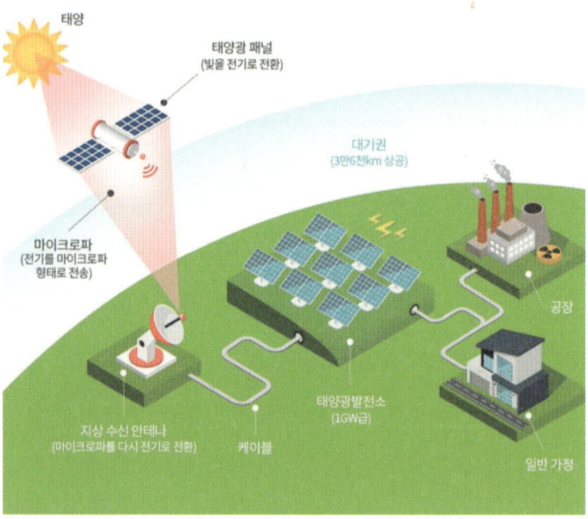

그림 3-10. 우주 태양광발전 시스템.

을 지상으로 보내는 발전 방식으로 지상에 설치된 태양광 발전보다 최대 10대의 전력을 생산해 낼 수 있고, 날씨의 영향이나 낮과 밤에 상관없이 태양에너지를 이용할 수 있으며, 지구의 환경훼손의 우려도 없고 우주에는 비나 먼지도 없기 때문에 태양광 패널의 수명도 지상보다 훨씬 걸어질 것이다. 먼 미래의 태양광 발전시스템은 우주태양광 발전이 될 것이다.

풍력에너지

풍력에너지는 바람의 힘을 이용한 에너지이다. 바람이 발전기와 연결된 날개를 돌리면 바람의 운동 에너지가 회전력으로 전환되어 발전기에서 전기에너지를 생산하게 된다. 날개를 통과하는 바람의 속도가 빠르거나 공기의 양이 많을수록, 즉 바람의 운동 에너지가 클수록 전기에너지 생산량은 커지며, 발전기의 날개가 길어지면 생산되는 전기에너지의 양도 늘어난다.

인류는 오래 전부터 풍차를 돌리거나 범선을 운행하는 데, 건조지역에서는 지하수를 퍼 올리는 데 바람의 힘을 이용해 왔다. 최근 들어서는 전력생산을 위해 터빈을 돌리는 데도 사용하고 있다. 국가에 따라 차이는 있지만 풍력은 세계 전체 전기수요의 20%를 공급할 수 있는 가능성이 제시되고 있다. 바람을 이용하여 전기를 생산하는 풍력발전기의 효시는 1891년 덴마크의 Poul La Cour가 개발한 풍력발전기로, 가정용과 산업용 전기를 생산하는 데 이용되었다. 1940년대에 제일 큰 풍력터빈은 Grandpa's Knob로, 미국 Vermont주에서 작동하기 시작했다. 이 터빈은 바람이 약 48km/h에서 1.25MW 정격으로, 제2차 세계대전 중 수개월 동안 지역에 전기를 공급하였다. 최근에는 기술이 발달하여 적은 바람으로도 더 많은 양의 전기에너지를 만들 수 있게 되어 풍력 발전에 의한 전기에너지의 생산은 매년 급속하게 증가하고 있다. 2008년 기준으로 전 세계의 풍력 발전 용량은 100GW이며, 특히 덴마크는 전체 전력 사용량의 약 18%, 스페인은 9%, 독일은 7%를 풍력 발전이 담당하고 있다. 우리나라는 전체 전기 수요의 0.1% 정도를 풍력 발전이 담당하고 있다. 풍력 발전은 지역적 조건의 영향을 많이 받는데, 우리나라는 해안선이 길어 세계적으로 풍력발전용 바람이 많은 나라 중의 하나이다. 경제성이 있는 바람의 세기는 초속 4m 이상으로 제주도를 비롯하여 동해안, 서해안, 남해안 지역은 대부분 풍력 발전의 적지인 셈이다.

풍력에너지는 바람을 이용하므로, 화석연료를 사용하는 발전소와는 달리 산성비의 원인이 되는 질소 산화물이나 황 산화물 및 온실가스를 생성하지 않아 대기를 오염시키지 않는다는 장점이 있다. 그리고 풍력터빈은 풍력에너지에 사용되는 바람이 고갈되지 않는 자원으로 한 번 설치해 놓으면 영구적으로 사용이 가능하고 유지, 보수비용 이외의 돈이 추가로 들지 않는다.

그림 3-11. 풍력발전기.

풍력에너지의 단점은 화석연료 연소 방식의 발전에 비하여 초기 투자비가 높다는 것이다. 그리고 발전 원으로 바람을 이용하는데 전기가 필요한 곳에 바람이 항상 불지는 않는다는 단점이 있다. 또한 바람이 많은 지역은 전기가 필요한 도시로부터 멀리 떨어져 있으며, 발전기 날개가 돌아가면서 소음이 발생하는 등 주변에 피해를 주기도 한다.

조력에너지

조력에너지는 달과 태양의 인력작용으로 밀물과 썰물이 발생하는 조석현상에 따라 조류의 방향이 주기적으로 변해서 생기는 에너지를 말한다. 조력 발전은 조력에너지를 전기에너지로 바꾸어 전기를 생산하는데, 해상에 고정된 회전 날개를 설치하여 밀물과 썰물로 생긴 조류가 흐를 때 회전 날개가 돌아가도록 하여 발전하는 조류 발전 방식이 있다.

기본 원리는 조류가 밀려드는 동안 수문이 열려 저수지가 채워지고, 만조(滿潮)일 때는 수문이 닫힌다. 유입한 바닷물을 높은 곳의 저수지에 가두어 두었다가, 간조(干潮)와 같이 터빈을 작동시킬 만큼 충분한 낙차(落差)를 얻을 때 물을 방수하여 발전기를 회전시키는 원리이다. 실제적으로는 조차가 큰 강 하구나 만에 방조제를 건설하여 조지를 만들고 방조제 안과 밖의 수위 차를 이용하여 발전한다. 발전 방식은 대체로 수력 발전과 비슷하다.

우리나라는 서해안이 조차가 커서 조력 발전을 하기에 좋은 조건을 가지고 있고, 현재 우리

그림 3-12. 프랑스 랑스 조력발전소.

나라에는 시화호와 울돌목 조력발전소가 있다. 시화호 조력발전소의 발전설비용량은 254MW로 종전 세계 최대 규모를 자랑했던 프랑스의 랑스 조력발전소(240MW)를 뛰어넘었다. 연간 발전량도 552GWh로 소양강댐의 1.6배에 달한다. 이 발전소에는 지름 7.5m, 무게 800톤 규모의 발전기 10기가 설치돼 있다. 조력발전소는 무공해 청정에너지로 원유수입 대체효과로 경제적으로 많은 가치를 지니고 있다. 조력 발전의 단점은 에너지를 사용하는 장소와 발전소 간 거리가 멀고 전력생산량은 보의 면적에 따라 다르나 상업용 발전을 가능케 하는 지역이 제한되어 있으며, 무엇보다 환경파괴를 가져올 수 있다는 점이다. 조력발전소를 건설하기 위해서는 방조제가 있어야 하는데, 이로 인해 바닷물 흐름이 정체되면서 갯벌 등 해안생태계가 파괴될 수 있다. 시화호는 1994년 방조제 공사가 끝난 뒤 바닷물의 흐름이 끊기고 오염되면서 '죽음의 호수'라는 오명을 얻었다.

표 3-1. 운행 중인 조력발전소

발전소	용량(MW)	국가	운행연도
Annapolic royal generating stn	20	캐나다	1984
Jiangxia	3.2	중국	1980
Kislaya Guba	1.7	러시아	1968
Rance	240	프랑스	1966
Strangford Lough	1.2	영국	2008
울돌목 조력	1.5	한국	2009
시화호 조력	254	한국	2011

바이오 에너지

바이오 에너지란 바이오매스를 이용해 얻을 수 있는 에너지이다. 바이오매스는 모든 식물과 기본적으로 광합성에 의해 획득된 모든 에너지를 함유하는 식물이 근원인 재료를 말한다. 바이오매스를 이용하는 바이오 에너지는 나무나 고구마, 사탕수수나 해조류와 같은 유기체나 종이, 음식물 쓰레기, 폐식용유와 같은 유기계 폐기물을 이용하여 연료를 만들고, 식물의 섬유소에서 뽑아낸 바이오 에탄올, 식물성 기름이나 폐식용유에서 얻는 바이오 디젤, 음식물 쓰레기를 발효시켜 얻는 바이오 가스 등이 있다.

바이오 에너지로 나무 부스러기나 짚은 대부분 직접 태워 이용하고 곡물이나 식물은 액체나 기체로 가공하여 이용하며, 유채 기름, 콩기름, 폐기된 식물성 기름은 디젤유와 비슷한 형태로 가공하여 디젤 자동차 등의 연료로 사용된다. 미생물을 이용해서 분해, 발효하면메탄이 절반 이상 함유된 가스가 생성되고 이를 정제하여 열이나 전기 생산 연료로 이용한다.

이렇게 만들어진 연료는 전기 생산, 열, 화학제품 또는 차량에 고체연료로 사용되거나, 액체 또는 기체 형태로 변환되어 이용된다. 다른 재생에너지와는 달리 수송용에 이용하기 위하여 직접 액체로 변환될 수 있는 바이오 연료로 에탄올과 바이오 디젤이 있다. 에탄올은 차량의 이산화탄소와 스모그를 유발하는 배기가스를 감소하기 위하여 보통 연료첨가제로 사용된다. 바이오 디젤은 식용유, 동물의 지방, 해조류, 재생된 요리용 수지 등을 이용하여 만들어진다.

생물자원은 공기 중의 이산화탄소가 생물이 성장하는 가운데 그 속에 축적되어 생성된 것이므로 생물자원이 에너지로 사용되는 동안 방출하는 이산화탄소 양은 성장기로부터 흡수한 이산화탄소의 양을 고려하면 결과적으로 zero가 된다. 따라서 온난화의 주범인 이산화탄소의 배출에 영향을 미치지 않는다. 그리고 화석연료처럼 연소 시에 대기오염물질인 이산화황, 질소산화물 등의 가스를 많이 생산하지 않고, 쓰레기를 사용하므로 쓰레기 매립문제를 해결할 수 있을 뿐만 아니라 에너지 효율도 높다. 그러나 대규모의 에너지를 얻으려면 옥수수나 사탕수수 같이 빨리 자라는 식물을 재배하기 위한 넓은 토지가 필요한데, 이를 위해 산림 훼손과 생물다양성을 감소시키는 생태계 파괴가 일어날 수 있다. 그리고 화학비료나 농약 살포로 인해 또 다른 환경오염이 일어날 수 있으며, 바이오 연료로 사용되는 곡물 수요를 높여 곡물 가격이 폭등하는 원인이 되기도 한다.

19세기까지 대부분의 에너지를 생물자원으로부터 얻었다. 특히, 가난한 나라는 나무와 짚 등 생물자원 이용률이 높고 일부 선진국도 전체 에너지의 10% 가량을 짚과 나무 부스러기에서 얻었다. 현재는 전 세계적으로 미국, 유럽, 인도, 브라질에서 바이오 에너지를 생산하고 있다.

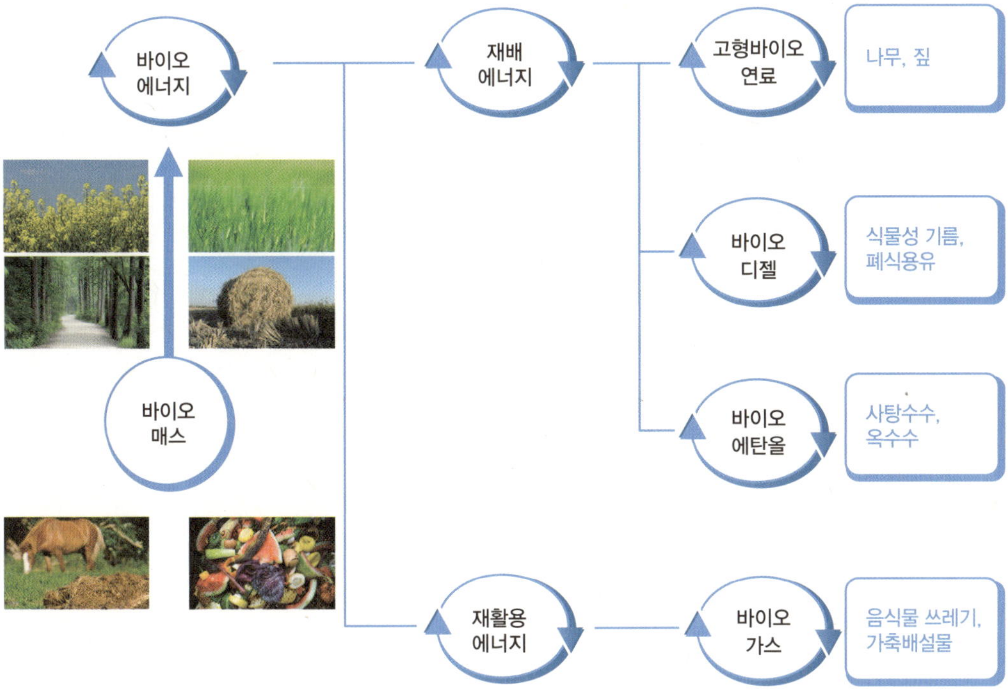

그림 3-13. 바이오 에너지.

특히 브라질은 생산량이 풍부한 사탕수수로 에탄올을 생산하여 자동차 연료인 가솔린의 수입을 40% 정도 줄였고, 지금은 에탄올을 수출하는 에너지 자립국이 되었다. 독일의 프라이부르크의 경우 음식 쓰레기를 수집 후 분해하여 가스를 생산하고, 이로부터 전기와 열을 생산하여 약 2,000가구에 전기를 공급하고 있다. 우리나라 경우, 이용 가능한 생물자원으로 매년 수조원에 달하는 음식물 쓰레기, 가축 배설물, 식품 산업의 부산물, 짚, 목재 가공 부산물 등이 있어 국내에서는 음식물 쓰레기 발전과 매립지 가스 발전에 주력하고 있다.

제 4 장

수 자 원

1. 물의 중요성

지구표면의 71%는 물로 되어 있으며, 그 중에서도 바닷물이 97%, 빙하가 2%, 강과 호수가 1%를 차지하고 있다. 가장 큰 비중을 차지하고 있는 바다는 지구의 기후를 조절하고 오염물질을 희석 및 분해하며 생물들의 중요한 서식처를 제공한다. 그리고 물은 지구상에서 가장 풍부하면서 생물(나무 60%, 동물 50~65%)에게는 필수적인 물질이고, 지구표면의 지형변화, 온건한 기후 및 오염물질 정화에 중요한 역할을 할 뿐만 아니라 생물체 내에서 영양물질과 노폐물 수송, 음식의 소화, 배설, 호흡, 순환, 체온조절 등 신진대사에 매우 중요한 역할을 한다. 인체는 70~80%가 물로 되어 있어 2%~4% 손실시 가벼운 갈증과 근육의 피로감을 느끼고, 12% 손실시 무기력 상태에 이르며, 20% 손실시 의식을 잃고 사망에 이르게 된다. 그러나 물은 오염에 노출되기가 쉬워 오염물질을 생물에게 이전시키는 주요한 매개체 역할을 하기도 한다.

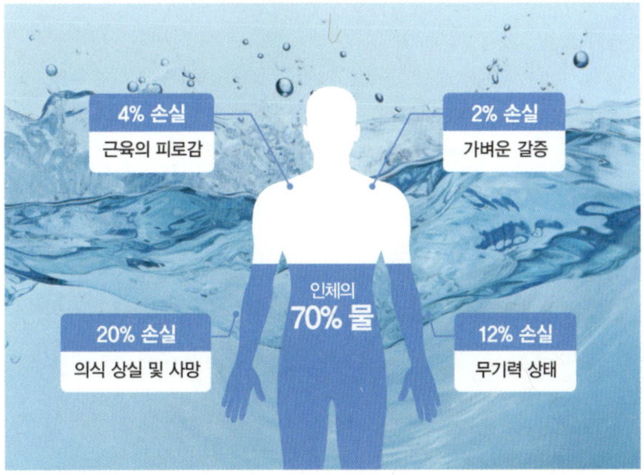

그림 4-1. 물의 중요성.

2. 물의 특성

▶ 분자구조

물 분자는 수소원자 2개와 산소원자 1개로 이루어진 화합물이다. 물은 상온에서 기체, 액체, 고체 3가지 상태로 존재하며, 존재 상태에 따라 분자 결합 상태가 달라진다. 물은 다른 물질과 달리 매우 독특한 물리적, 화학적 특성을 갖고 있어 지구상의 생명체가 생명을 유지할 수 있는 조건을 만들어 준다. 즉, 금속성분과 같은 물질은 고체가 되면 원소의 결합구조상 밀도가 커지게 되는데, 물은 고체가 되면 오히려 부피가 늘어나 액체인 물보다 밀도가 작아진다. 따라서 겨울철 강이나 호수의 물이 표면부터 얼고, 표면에서 생성된 얼음이 바닥으로 가라앉지 않고 물 위에 떠 있으므로 추운 겨울에도 강물이나 바닷물 속의 온도가 일정하게 유지되어 수중생물들이 살아갈 수 있게 된다.

▶ 용매성

물은 지구상에 존재하는 물질 중에서 가장 우수한 용매(excellent solvent)이다. 용매란 용질을 녹이는 물질을 말하는데, 물이 모든 물질을 다 녹이는 것은 아니고, 물이 극성공유결합을 하고 있기 때문에 극성을 갖는 공유결합 물질이나 이온결합 물질들을 잘 녹일 수 있다. 물의 우수한 용매성으로 인해 많은 생명체들이 생명에 필요한 물질들을 물에 녹여서 이용하게 된다. 지하수에는 칼슘, 마그네슘과 같은 미네랄 성분이 많이 포함되어 있다. 이것은 빗물이 땅속에 스며들어 토양 속에 있는 미네랄 성분을 녹여내기 때문이다. 물이 쉽게 오염물질에 오염되는 것도 물의 뛰어난 용매 특성 때문이라 할 수 있다.

▶ 표면장력

물 분자 사이에는 물 분자끼리 끌어당기는 응집력이 있고, 물 분자와 다른 분자 사이에 당기는 부착력이 있다. 이런 응집력과 부착력의 차이를 표면장력이라 한다. 물 분자는 표면장력이 크기 때문에 물방울끼리 뭉치게 된다. 자연현상에서 볼 수 있는 예로, 이른 아침 나뭇잎에 동글동글하게 맺힌 이슬방울, 하늘에서 떨어지는 빗물이나 물 위로 튀어 오르는 물방울, 물이 담긴 그릇에 유리막대를 담갔다가 들어 올리면 물이 유리 벽면에 붙는 현상 등을 볼 수 있는데, 이러한 현상이 표면장력 때문이다.

3. 수자원의 종류

지구상에 있는 물은 해수(97.2%), 빙하(2.15%), 지하수(0.625%), 지표수(0.025%) 등 여러 가지 형태로 존재하고 있다. 해수는 바다를 이루고 있는 물로서 지구상에 존재하는 물의 대부분을 차지하고 있지만 바로 이용하기는 힘들다. 실제로 인간이나 생물들은 담수인 지표수와 일부의 지하수를 이용하고 있고, 빙하도 담수로서 충분히 이용할 가치가 있다.

지표수

지표수는 지표 위에 존재하는 물로서 하천이나 호수 등을 말한다. 지표수는 가장 손쉽게 이용할 수 있는 수자원으로서 인간이 살아가는 데 필요한 생활용수, 관개용수, 산업용수 등의 기능을 수행한다. 지표수는 표류수라고 하기도 하며, 수온의 계절적 변화가 심하고 홍수와 가뭄 시 오염의 변화도 심하다. 또한 지하수에 비하여 알칼리도 및 경도가 낮으며 암석, 토양 등의 풍화에 의해 나트륨, 마그네슘, 칼슘 등을 많이 포함하고 있지만, 지하수보다는 낮은 농도로 분포되어 있다. 도시 하수와 동식물의 사체, 배설물, 농업폐수 등으로 인해 유기물의 함량이 높은 편이다.

지하수

지하수는 지표수가 지하로 스며들어 토양이나 지층의 틈 속에 형성된 물을 말한다. 강우의 일부는 지표를 흘러 지표수가 되지만, 나머지는 땅 속으로 스며들어 간다. 지층 속에는흙의 입자가 치밀하게 차 있는 반면, 입자와 입자 사이에 공간이 형성되어 있다. 그 공간에 물이 스며들게 된다. 이런 지층은 투수성이 좋다. 그런데 지표에서 깊이 있는 지층은 더욱 흙 입자가 치밀하여 물이 스며들지 않는다. 이런 지층은 불투수층이라고 한다.

지하수는 천층수, 용천수, 복류수로 나눌 수 있다. 천층수는 지하로 침투한 물이 제1불투수

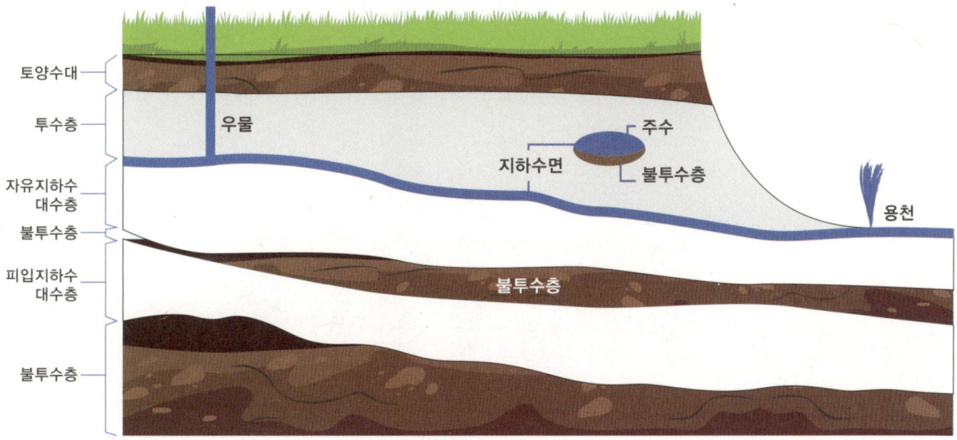

그림 4-2. 지하수층.

층 위에 고인 물로서 자유수면을 갖고 있어 산소가 존재하므로 유기물이 미생물의 호기성 활동에 의해서 분해되기도 한다. 용천수는 지하수가 자연적으로 지표로 솟아나온 물을 말하고, 복류수는 강, 호수 등의 바닥, 모래 등에 있는 물을 말한다. 지하수는 산지·구릉·저지 등 지형에 관계없이 어디에나 분포한다. 지하수는 탄산염이나 규산염이 많이 용해되어 있어 경도가 높고 토양의 여과작용으로 지표수에 비해 탁도가 낮으며 미생물이 거의 존재하지 않는다. 그러나 지하수는 유속이 느려 오염물이 유입되면 오랫동안 머물러 있으므로 심각한 오염문제를 일으키게 된다.

4. 수자원의 현황

우리나라의 연평균 강수량은 1,274mm(1973~2011년)로 세계 평균의 1.6배이다. 수자원총량은 1,349억m³/년이지만, 높은 인구밀도로 인해 1인당 연 강수총량은 연간 2,660m³로 세계 평균의 약 1/6에 불과하고, 1인당 이용 가능한 수자원량이 다른 국가들에 비해 상대적으로 적다. 더구나 연강수량의 2/3가 여름철에 집중(홍수 유발)되어 있어 평상시에는 하천수량 부족으로 물 공급에 애로가 있다.

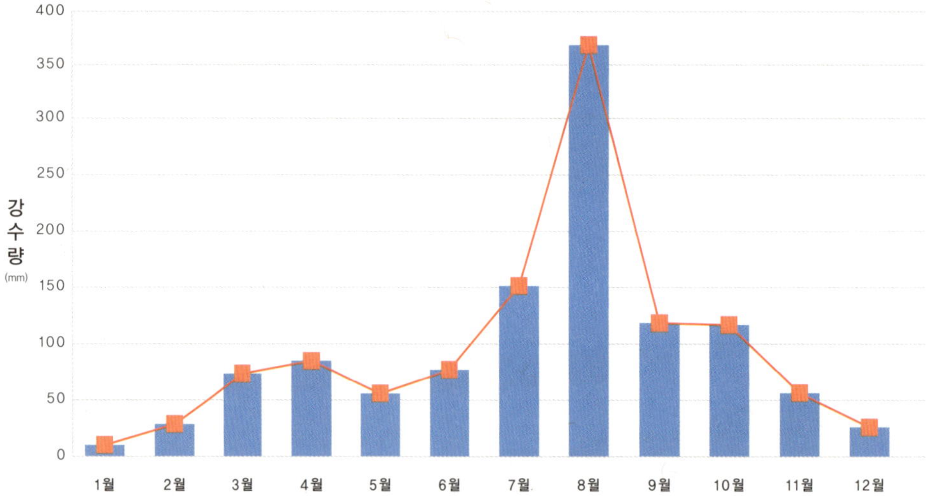

그림 4-3. 우리나라 계절별 강수량. 출처: 2014년 기상연보, 기상청.

표 4-1. 주요 국가별 강수량 및 1인당 강수량

구분	한국	일본	미국	영국	중국	캐나다	세계평균
연평균 강수량(㎜/년)	1,274	1,668	715	1,220	645	537	807
1인당 강수량(㎥/년)	2,660	4,932	22,560	4,736	4,607	155,486	16,427

※ 1인당 강수량(㎥/년) = 연평균 강수량×국토 면적/인구수. 자료 수자원장기종합계획(2011~2020)

5. 수자원 이용현황

우리나라 수자원 이용현황

한국 수자원공사 보고 자료에 따르면 2007년 우리나라 연간 수자원 부존량은 약 1,297억 톤으로 증발산량과 홍수 등으로 인한 유출량을 제외하면 총 이용량은 333억㎥으로 수자원 총량 대비 26%를 이용하고 있으며, 이는 평상시 유출량의 1.7배 수준으로 홍수 시 유출량을 댐 등의 저류시설을 통해 저장하였다가 이용하고 있다. 총 이용량 중 생활용수, 공업용수, 농업용

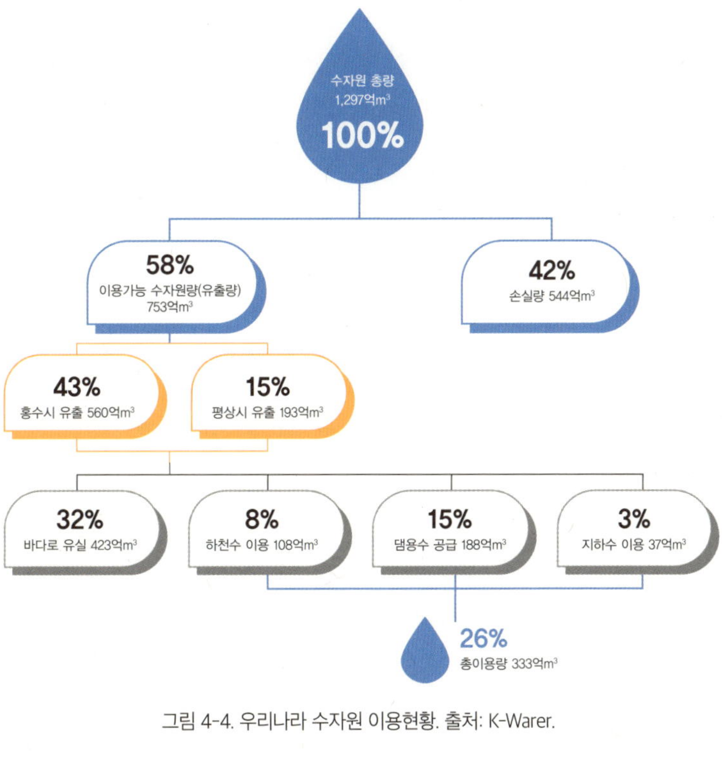

그림 4-4. 우리나라 수자원 이용현황. 출처: K-Warer.

수 이용량은 255억㎥/년으로 이용 가능한 수자원량의 34%를 취수하여 이용하고 있으며, 하천 108억㎥, 댐 188억㎥, 지하수 37억㎥를 통해 공급하고 있다.

급격한 물 수요의 증가로 1994년 말 우리나라 물 공급 능력은 연간 324억 톤으로 수요량 301억 톤에 비해 약 23억 톤이 잉여량으로 용수예비율은 약 7.7% 여유가 있었다. 그러나 2000년대에는 국민 생활수준 향상과 도시화 및 산업화의 진전으로 용수 수요가 계속적으로 증가할 것으로 전망되어 물 부족이 예상된다. 물도 자원이며, 공급과 수요의 원칙에 따라 물 부족 대비를 위한 방법으로 댐을 건설한다. 유출수를 저장하기 위하여 댐과 저수지를 건설하는 것은 공급을 확대하는 것으로 댐 등을 건설하여 물을 확보할 수 있으나 생태계 파괴 등의 단점이 있다. 물 부족을 대비한 다른 방법으로는 다른 지역으로부터 지표수를 끌어들이는 것, 지하수를 뽑아 쓰는 것, 물 사용의 효율성을 증가시키는 것, 수요의 억제를 위해 생산가의 절반 수준인 현재의 수돗물 값을 높이는 것, 해수 담수화, 지하수 및 빗물 재이용 등 대체 수원을 개발하는 방법이 있다.

대규모 댐 건설

대규모 댐은 홍수다발 지역이나 수자원의 효과적 활용, 편익증대의 측면에서 건설을 적극적으로 장려하지만 일단 건설되고 나면 생태학적 관점에서 이전의 상태로 되돌릴 수 없는 환경문제를 야기한다. 가장 대규모의 댐은 중국의 양쯔 강 샨사 댐이다. 양쯔 강 중상류인 중국 후베이성 이창의 협곡을 잇는 댐으로 1994년에 공사를 시작하여 2008년에 완공하였고, 길이는 2.3km, 높이는 185m, 너비는 135m에 달한 세계 최대의 댐이다. 최대 저수량은 390억 톤으로 소양호의 13배이며, 일본 전체 담수량과 맞먹는 수준이다. 댐을 건설한 목적은 1,000만 주민을 홍수로부터 보호하고 2만 MW의 전력 생산 및 하천의 항해 조건을 개선하는 것이었다. 그러나 많은 부작용도 나타났다. 지상 문화재 287건을 제외한 모든 문화재가 그대로 수몰되었고, 완공 후 유량 감소로 인해 양쯔 강의 수질오염이 10배 이상 증가하고, 양쯔 강 물의 해양유입이 감소되면서 서해와 동해의 염분 농도가 증가해 한국 등 주변국의 기온 상승은 물론 해양생태계에도 심각한 영향을 미치는 등 많은 문제가 발생하고 있다.

그리고 아스완 하이 댐은 이집트 나일 강 아스완 시에 위치한 댐으로 전력 생산의 목적으로 건설되었다. 다행히 나일 강 상류에 있던 아부심벨(Abu Simbel) 신전은 유네스코(UNESCO)의 도움으로 상류로 옮겨졌다. 그러나 많은 문화재는 그대로 나세르 호에 가라앉았다.

이처럼 대규모 댐은 홍수를 막고 물 부족을 해결할 수 있을 뿐만 아니라 많은 전력량을 생

그림 4-5. 양쯔 강 샨샤 댐.

그림 4-6. 이집트 아스완 하이 댐과 아부심벨 신전.

산할 수 있다는 장점이 있지만 단점도 많다. 대규모 댐은 대형 저수지에 물을 저수하고 수문을 닫으면 저수지 상류에서 유속의 변화가 생긴다. 그리고 변화된 수문환경에서 수생생물의 이동이나 생애주기는 방해를 받는다. 수몰에 의해 숲과 삶의 터전을 잃게 되고 많은 중요 문화재가 수몰되며, 퇴적물이 저수지 내부에 퇴적되면서 저수지 하류에는 급격히 퇴적물이 감소하게 되어 상류에서 내려온 비옥한 점토가 없어지게 된다. 그리고 편서풍과, 뜨거운 햇빛으로 인한 엄청난 증발량이 발생하여 기후에도 영향을 미치게 된다.

6. 대체수원개발

▶ 강변여과수 개발

강변여과수란 하천, 호소 또는 그 인근 지역의 사력층을 통과한 물로 하천 또는 호수 인접 지역을 굴착하여 취수하며, 하천 표류수가 대수층을 통과하면서 여과되는 이점을 활용하는 것이다. 강변여과수는 모래나 자갈의 공극을 통과하여 우물로 집수되면서 물리적 여과와 흡착이나 생화학적인 분해에 의해 용존 오염물질이나 병원성 세균이 제거되는 화학적·생물학적 분해 작용으로 비교적 양호하고 안정적인 수원을 제공하기 때문에 정수처리 시 발생하는 슬러지 처리비용을 줄이는 장점이 있다. 국내에선 낙동강 대책의 하나로 경남 창원에서 시범 운영되고 있다.

▶ 빗물 이용

빗물은 다양한 용수로 활용할 수 있어 이용가치와 기대가치가 매우 크다. 화장실 용수, 정원 용수, 세차 등 잡용수, 소방용수로 이용 가능하므로 수돗물의 절감, 홍수 시 폭우에 의한 침수 현상 감소, 화재예방, 생태계 조성 효과가 있다. 비상시에는 음용수로도 사용할 수 있고, 물뿌리개 장치를 이용하여 더운 여름철 건물에 물을 뿌려 냉방 효과(전력 사용량 감소 효과)를 가져올 수도 있다.

▶ 중수도

중수도는 한 번 사용한 허드렛물을 생활용수나 공업용수로 다시 쓸 수 있도록 하는 시설을 말한다. 중수도 설치는 도심에 작은 댐을 건설하는 것과 맞먹는 효과가 있다. 주로 수세식 화장실 용수, 에어컨 냉각 용수, 청소 용수, 세차 용수, 살수 용수, 조경 용수(연못, 분수), 소방용수 등 잡용도에만 쓰이기 때문에 잡용수라고 한다. 중수도는 수돗물 소비량을 줄이고 하수 발생량을 감소시켜 수질보전의 효과를 얻을 수 있고 수돗물 공급량 감소로 댐 건설 수요를 줄일 수 있으며, 갈수기에 물 부족으로 인한 어려움을 덜 수 있는 특징이 있다. 우리나라는 1991년 수도법에서 중수도 제도를 신설하여 물을 다량으로 사용하는 시설물에 설치를 권장하고 있다.

▶ 해수의 담수화

해수의 담수화는 바닷물에 녹아 있는 염분을 제거해 담수를 얻는 방법이다. 지구의 물 가운데 염수가 97%를 차지하고 있어 이를 담수화하면 물 부족 문제를 해결할 수 있다. 그러나 생산단가가 높아 경제성이 조금 떨어진다. 현재 제주도의 우도 등 20여 곳에서 담수화 시설을 운영하거나 추진하고 있다.

▶ 인공강우

인공강우는 인위적으로 비의 씨를 뿌려 특정 지역에 비를 내리게 하는 기술이다. 물방울의 응축 과정에 필요한 응결핵을 제공하기 위하여 드라이아이스를 뿌리는 방법인데, 미국의 중서부 사막지대에서 1962년에 성공적으로 시행되었다. 인공강우는 구름이 발생하지 않는 가뭄상태에서 비를 내리게 하는 것이 아니고 과냉각 구름층이 있을 때 비를 내리게 하는 방법이다.

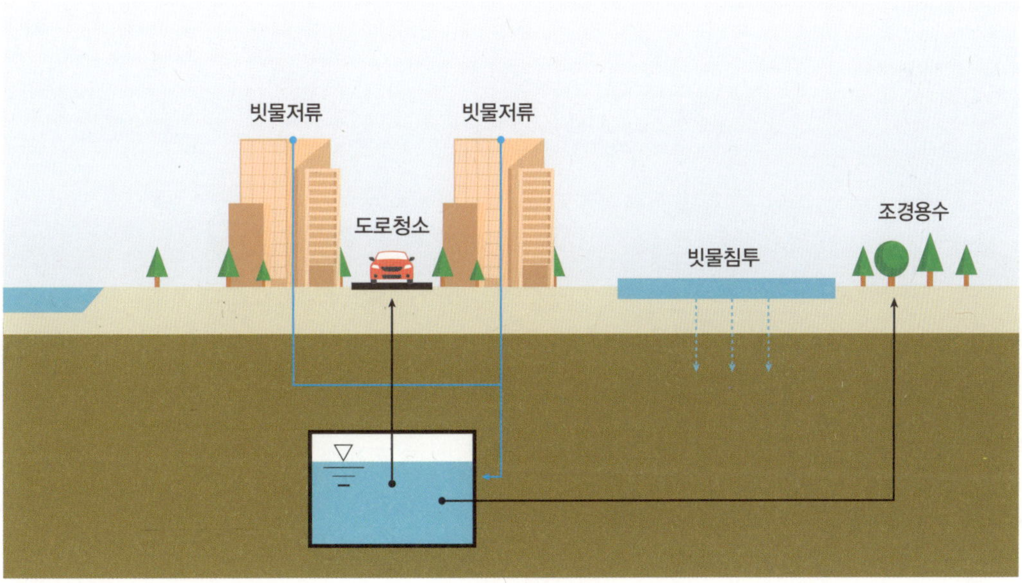

그림 4-7. 빗물 재이용.

제 5 장

수질오염

1. 수질오염의 개념

수질오염이란 인간의 생활 및 산업활동으로 인하여 배출된 오수, 하수, 폐수 등이 자연 수역에 유입되어 수질을 악화시킴으로써 사람과 동식물의 건강이나 재산, 생활환경에 피해를 발생시키는 현상을 말한다. 즉, 오염물질의 유입량이 너무 많아져서 그 수역이 지니고 있는 자정능력을 초과하여 수질이 크게 변화함으로써 자연수의 이용가치가 저하된 상태를 말한다.

자연수란 오염되지 않는 상태의 물로 물리적, 화학적, 생물학적 조건을 만족하여야 한다.물리적 조건은 표면에 부유물질, 악취, 거품, 색깔이 없고 수온변화가 주위의 기온과 비슷하여야 한다. 화학적 조건은 수중에 적당량의 산소가 녹아 있고, 무기영양소가 균형 있게 용해되어 있으며 독성물질이 없어야 한다. 그리고 생물학적 조건은 식물과 동물, 미생물이 살 수 있도록 유기영양소가 함유되고 생태적으로 안정한 상태여야 한다.

자연수계는 어느 정도의 오염물질을 스스로 정화하는 자정능력을 갖고 있다. 적은 양의 오염물질이 자연수계에 유입되면 자연수계는 시간이 지나면서 물리적, 화학적, 생물학적 작용, 즉 희석, 침강, 여과, 산화, 분해 등 자정작용으로 유입된 오염물질들을 정화해 스스로 정상상태를 회복한다. 그러나 산업의 발달로 자연계에서 분해하기 힘든 물질이 생산되고 배출됨에 따라 자연수계는 오염물질의 축적으로 점차 자정능력을 상실하게 된다. 따라서 자연계의 수질회복을 위해서는 고농도의 오염물질을 처리하기 위해 하수처리장이나 폐수처리장과 같은 처리시설을 설치하여 오염물질 저감 방안을 마련해야 할 필요가 있다.

2. 수질오염원의 종류

수질오염은 자연수 내로 오염물질이 유입되어 발생하며, 이때 오염물질이 배출되는 장소를 오염원이라 한다. 수질오염을 유발하는 수질오염원은 배출 형태에 따라 점오염원(point source)과 비점오염원(nonpoint source)으로 구분한다.

점오염원은 오염물질이 한 지점 혹은 좁은 구역에서 집중적으로 배출되는 곳을 말하며, 생활하수, 산업폐수, 축산폐수 등이 있다. 이처럼 점오염원은 오염물질이 특정한 지점에서 발생하기 때문에 오염물질이 배출되는 지점은 물론 오염경로와 오염물질의 양을 측정할 수 있을 뿐만 아니라 배출지점이 명확하여 비교적 제어하기 쉽고 처리효율도 높다.

비점오염원은 오염물질이 광범위하게 산재되어 배출되는 것을 말한다. 따라서 오염물질이 여러 경로로 배출되기 때문에 배출되는 위치를 정확하게 파악하기 힘들고, 오염물질의 양도 정할 수 없다. 대표적인 비점오염원은 농경지, 삼림, 방목지, 도로, 매립지 등이다. 비점오염원으로부터 발생하는 오염물질은 적절하게 처리하기가 쉽지 않다. 우수의 영향으로 논이나 밭에 뿌려진 비료, 농약, 방목지에 널린 가축의 분뇨, 자동차로부터 누출된 도로면의 기름이나 윤활유, 매립지의 토사 등이 하천으로 유입된다. 이처럼 비점오염원은 배출지점이 불특정하여 제어가 어렵고, 오염원의 배출량이 강우량에 크게 좌우되어 관리대책 수립이 어려워 차츰 수질오염원으로서의 비중이 커지고 있다.

3. 수질오염원 현황

생활하수

생활하수는 가정, 상업 지역, 공공시설 등에서 배출되는 음식물 찌꺼기, 세탁수, 화장실의 희석분뇨 등을 말하고 사람의 활동이 주된 오염원이 된다. 주성분은 유기물질, 부유물질, 영양염류 등이다. 생활하수량은 인구증가와 생활수준 향상으로 점차 증가하고 있으며, 세제를 많이 사용하는 탓에 물 표면에 거품이 발생하여 생활하수 처리 시 어려움을 겪고 있다.

생활하수는 도시 지역의 경우 하수관로의 보급으로 공공하수처리시설에서 처리하고 있으나

관거미흡	보급저조(농어촌)	보급저조	초기단계	대비필요
1세대 하수도	2세대 하수도	3세대 하수도	4세대 하수도	5세대 하수도
				미량유해물질처리
			자원재활용	자원 재활용
		영양염류처리	영양염류 처리	영양염류 처리
	유기물질처리	유기물질 처리	유기물질 처리	유기물질 처리
오수·우수배제	오수·우수배제	오수·우수배제	오수·우수배제	오수·우수배제

그림 5-1. 하수도 발전단계. 출처: 2022 환경백서, 환경부.

농촌지역은 개별 또는 소규모 오수처리시설이나 정화조에서 처리하도록 하고 있다. 하수도 시설은 오수와 우수를 배재하는 하수관로, 오수를 정화하는 하수처리장, 하수 찌꺼기를 처리하는 하수슬러지처리시설 등으로 구성된다. 일반적으로 하수도 발전단계별로 1세대는 오수·우수 배제, 2세대는 유기물질 처리, 3세대는 영양염류 처리, 4세대는 자원재활용, 5세대는 미량 유해물질 처리로 구분되며, 하수도의 역사가 길고 투자가 많이 이루어진 하수도 선진국은 4세대에서 5세대에 진입 중이나, 우리나라는 2세대와 4세대에 걸쳐 있는 상황이다.

산업폐수

산업폐수는 농업·어업·광공업에서 나오는 폐수를 의미한다. 산업폐수는 BOD가 높은 유기폐수와 크롬, 수은, 시안 등이 함유된 무기폐수로 나눌 수 있고, 생활하수, 축산폐수와 함께 수질오염을 일으키는 3대 점오염원 중의 하나이다. 일반적으로 산업폐수는 공장폐수만을 의미하기도 하지만, 산업이 다양화, 고도화, 대형화됨에 따라 농업, 광산, 어업 분야에서 발생되는 폐수도 산업폐수에 포함시키고 있다. 산업폐수가 흘러나오는 지역에는 산업폐수 처리시설을 설치해야 하며, 개별 공장의 경우 산업폐수를 하천으로 방류하기 위해서는 자체적으로 오염방지시설을 설치하여 배출 기준에 맞게 배출하여야 한다.

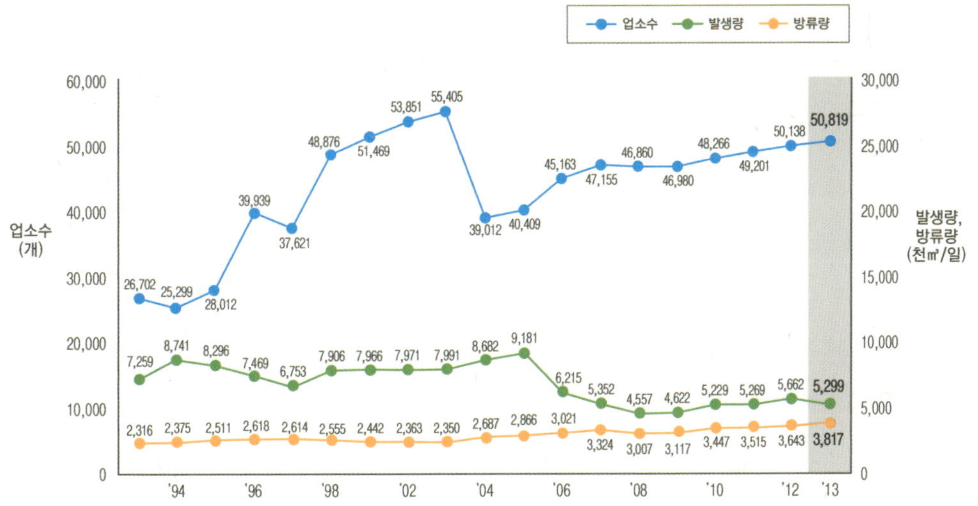

그림 5-2. 폐수배출업소 현황. 출처: 2016 환경백서, 환경부.

표 5-1. 최근 5년간 폐수배출업소수 추이

구분	계	1종	2종	3종	4종	5종
2018('16.12월)	51,644	414	625	1,374	2,656	46,575
2019('17.12월)	54,823	423	645	1,337	2,279	50,039
2020('18.12월)	51,991	424	647	1,348	2,287	47,285
2021('19.12월)	54,153	385	634	1,424	2,607	49,103
2022('20.12월)	54,870	391	599	1,291	2,529	50,060

자료 2022년 환경백서

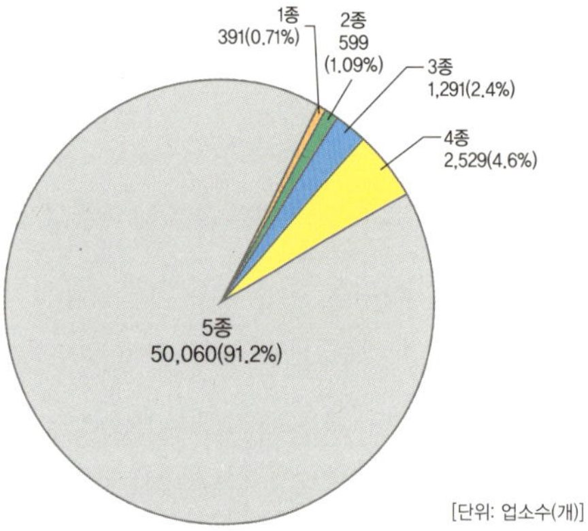

그림 5-3. 업종별 폐수배출업소 현황. 출처: 2022 환경백서, 환경부.

2023년 환경부 자료에 따르면 폐수배출시설은 2010년 48,266개소에서 2020년 54,870개소로 최근 10년간 6,604(약 13.7%)가 증가했다. 산업폐수의 체계적인 관리를 위해 환경부에서는 산업폐수시설을 1일 폐수배출량 기준으로 1~5종으로 구분하여 관리하고 있다. 1종은 2,000㎥/일 이상, 2종은 700~2,000㎥/일, 3종은 200~700㎥/일, 4종은 50~200㎥/일, 5종은 50㎥/일 미만의 사업장이다. 사업장 규모별 폐수배출업소 현황은 5종 사업장이 50,060개소, 4종 사업장이 2,529개소, 2020년 12월 말 기준 1종 사업장이 391개소를 차지하고 있다.

축산폐수

축산폐수는 가축사육으로 인하여 발생되는 액체성 또는 고체성의 더러운 물을 말하며, 가축분뇨와 축사의 세척수가 대부분이다. 대규모의 가축사육이 증가하면서 축산폐수가 급증하고 있는데 축산폐수는 유기물질 함량이 매우 높아 처리시설을 거치지 않은 채 하천이나 강에 방류하면 하천의 수질 악화 및 호소의 부영양화를 초래할 수 있다.

가축사육 농가를 규모에 따라 허가, 신고 및 신고미만으로 구분하여 가축분뇨 처리시설 설치 의무를 부여하고 축산농가가 자체 처리시설을 갖추고 방류수 수질기준을 준수하거나 퇴비·액비 등으로 자원화하여 처리토록 하고 있다. 정부는 축산농가의 가축분뇨 처리부담을 덜어 주고 수질도 개선하기 위해 1991년부터 국고를 지원하여 지방자치단체별로 가축분뇨공공처리시설을 설치·운영하고 있다.

2006년 환경부 자료에 따르면 2006년 기준 축산폐수 발생량은 137,442m³/일이고, 가축의 종류별로는 돼지가 전체 축산폐수의 63%를 차지하고 있다. 축산폐수처리는 발생량 중 약 88%는 자원화시설에서 퇴비·액비화하고 있으며, 12%는 개별시설이나 공공처리시설을 통해 정화처리하거나 위탁처리하고 있다. 그러나 자원으로서의 가치가 큰 가축분뇨는 경작지 감소에 따른 수요처 부족으로 퇴비·액비화 중심의 자원화처리에는 한계가 있어, 바이오 에너지화, 고체연료화 등 다양한 자원화 방안을 추진하고 있다.

표 5-2. 축산폐수 발생량(단위: m³/일)

구분계	젖소	소	말	돼지	합계
계	25,186	25,936	113	86,207	137,442
허가대상	10,432	7,437	51	59,740	77,660
신고대상	12,811	12,743	33	22,875	48,461
신고미만	1,943	5,757	29	3,593	11,322

자료 축산폐수처리통계, 환경부, 2006

표 5-3. 축산폐수처리시설 설치현황(단위: 개소)

구분		허가대상	신고대상	계
설치대상	농가 수	10,711	41,552	52,263
시설설치	정화시설	655	2,088	2,743 (5%)
	퇴비화시설	8,367	32,350	40,717 (82%)
	액비시설	774	2,093	2,867 (6%)
위탁처리	공공처리시설 유입처리	314	912	1,226 (2%)
	재활용신고자에 위탁처리	132	623	755 (2%)
	해양배출	674	251	925 (2%)
	기타	152	520	672 (1%)
	계	11,068	38,853	49,905

자료 축산폐수처리통계, 환경부, 2006

4. 수질오염지표

수질오염지표는 수질의 좋고 나쁨을 정성 또는 정량적으로 나타내는 척도로서 그 자체가 오염물질인 경우도 있으나 오염상태를 간접적으로 확인할 수 있는 수단으로 사용되며, 그 측정값의 크기에 따라 오염여부가 판정된다. 수질지표는 수질기준을 설정하거나 수질평가 시에 사용하게 된다. 수질오염물질의 농도를 정량적으로 표시하는 방법으로는 mg/L, ppm(part per million: 백만분율), ppb(part per billion: 10억분율) 등의 단위가 일반적으로 사용된다.

용존산소(DO, Dissolved Oxygen)

용존산소란 수중에 녹아 있는 산소량을 말하며 용존산소의 농도는 평행상태의 농도가 아니라 산소의 용해도에 의해서 제한된 상태의 농도를 나타낸다. 용존산소는 주로 대기 중의 산소가 물속에 용해되고, 수중의 미생물이 유기물을 생물학적으로 분해할 때 이용된다. 용존산소의 농도는 수중의 유기물질 함량이 낮을수록 증가하고, 조류에 의한 동화작용이 왕성할수록 증가하며, 광합성 작용에 의하여 산소를 공급하므로 동일한 호수 내에서는 주간의 DO가 야간의 DO보다 많아지게 된다. 그리고 수심이 얕고, 유속이 빠르며, 교란 흐름이 있을 때 더욱 증가하고 수중에 염류의 농도가 높을수록 감소하며, 수온이 낮거나 기압이 높을수록 증가하게 된다.

담수에서 산소의 용해도는 1기압, 0℃에서 14.6mg/L, 35℃에서 7mg/L이며, 순수한 물의 DO는 20℃에서 9mg/L이다. 오염물질의 유입으로 DO농도가 2mg/L 이하가 되면 수중생물이 살아갈 수 없으며, 어류의 생존에 필요한 허용농도는 5mg/L이다. DO의 임계점을 결정하는 요인은 수온, 유입되는 BOD량, 하천의 유량 및 하천의 유속 등을 들 수 있다.

생물화학적 산소요구량(BOD, Biochemical Oxygen Demand)

BOD는 수중의 유기물 함량을 나타내는 간접적인 지표로서, 수중에 있는 유기물이 호기성 상태에서 미생물에 의해 분해될 때 요구되는 산소량을 말한다. 물속에는 다양한 종류의 유기물이 포함되어 있으며 이들의 농도를 측정하여 정량하는 것은 불가능하다. 따라서 BOD 측정은 호기성 미생물을 이용하여 생물학적으로 분해 가능한 유기물 또는 부패성 유기물의 총량을 간접적으로 파악하는 데 있다. BOD가 높으면 수중에 유기물이 많은 것을 의미하며, 일반적으로 20℃에서 5일간 시료를 배양했을 때 소모된 산소량을 측정해 mg/L로 나타낸다.

수중에 유기물이 과다하게 유입되면, 즉 BOD 값이 지나치게 높으면 미생물이 유기물을 분해하기 위해 산소를 과다하게 소비하여 DO가 고갈되고 수역이 혐기성 상태가 되면서 메탄가스(CH_4), 암모니아(NH_3), 황화수소(H_2S) 등의 혐기성 생성물인 악취가스를 발생시킨다.

유기물의 생물학적 산화반응은 완만하게 일어나며 시간에 따른 BOD 반응곡선은 1단계 BOD와 2단계 BOD로 나뉜다. 1단계 BOD는 C-BOD(Carbonaceous BOD)라 하고 탄소화합물이 호기성 상태에서 미생물에 의해 분해될 때 필요한 산소량을 나타내고, 2단계 BOD는 N-BOD(Nitrogenous BOD)로 질소화합물이 호기성 상태에서 미생물에 의해 분해될 때 필요한 산소량을 나타낸다.

제1단계 BOD(C-BOD)

탄수화물(Carbohydrate) + $O_2 \rightarrow CO_2 + H_2O$

단백질(Protein) + $O_2 \rightarrow CO_2 + H_2O$

제2단계 BOD(N-BOD)

$$2NH_3 + 3O_2 \xrightarrow{\textit{Nitrosomonas}} 2NO_2^- + 2H^+ + 2H_2O$$

$$2NO_2^- + O_2 \xrightarrow{\textit{Nitrobacter}} 2NO_3^-$$

BOD를 측정할 때는 물을 채수하여 용존산소량를 측정한 후, 20℃±0.5의 어두운 곳에서 5일간 놓아 둔 뒤 감소한 용존산소량을 측정하여 ppm으로 나타낸다. 어두운 곳에 두는 것은 빛이 있으면 조류가 광합성을 하여 산소를 생성할 수 있기 때문이다. 5일 동안 배양한 후 측정하기 때문에 5일 BOD(BOD5)라고 한다.

화학적 산소요구량(COD, Chemical Oxygen Demand)

COD는 BOD와 같이 수중의 유기물 함량을 간접적으로 나타내는 지표로서, 수중의 유기물질을 화학적 산화제를 사용하여 화학적으로 분해하는 데 요구되는 산화제의 양을 산소상당량으로 환산한 것이다. COD는 단시간 내에 측정할 수 있어 BOD를 예측하거나, 생물학적 난분해성유기물 및 미생물 활동에 영향을 주는 독성물질이 함유된 경우 유기물을 측정하는 데 유효하다.

COD 측정에 산화제는 중크롬산칼륨($K_2Cr_2O_7$)이나 과망간산칼륨($KMnO_4$)을 사용한다. 과망간산칼륨은 유기물의 60% 정도, 중크롬산칼륨은 80% 정도를 분해하므로 COD값을 나타낼 때 산화제를 명시하여야 한다. COD는 바다나 호수 등의 수질오염지표가 되며, COD가 높다는 것은 수중에 무기성 오염물질이나 난분해성 유기물질이 많이 포함되어 수질이 악화되었다는 것을 의미한다.

부유고형물(SS, Suspended Solids)

물속의 불순물 입자는 크기에 따라 부유고형물, 콜로이드, 용존물질로 나눈다. 부유고형물은 크기가 0.1μm 이상의 현탁상태의 고형물이고, 콜로이드는 크기가 1nm~1μm의 범위로 육안으로 식별이 불가능한 초미립자가 분산 또는 현탁액으로 존재하는 상태를 말한다. 그리고 용존물질은 크기가 0.001μm 이하로서 물속에 용존상태로 존재하는 작은 분자 또는 이온들이다. SS는 통상 도시폐수에 50~60% 정도 함유되어 있고, 물의 탁도를 유발하는 물질로서 플랑크톤 및 세균 등과 같은 미생물을 다량 포함하고 있다. SS가 높으면 빛의 수중 투과량이 감소되어 수생식물의 광합성 작용을 방해하며, 어류의 아가미에 부착되어 호흡기능을 저하시킨다.

대장균군(E-coliform Group)

대장균군은 사람이나 동물과 같은 온혈동물의 장 속에 기생하고 있는 세균으로 그람음성·무아포성의 간균이다. 유당을 분해하여 산과 가스를 생성하는 호기성 또는 통성혐기성균을 총칭한다. 물속에서 대장균군이 검출되면, 그 물은 사람과 가축의 배설물에 의해 오염되었다는 것을 알 수 있고, 수인성 전염병원균의 존재 가능성을 시사해 준다. 따라서 대장균군은 분변성 오염의 지표로서 병원균의 존재유무를 추정하는 데 사용된다. 대장균군 자체는 비병원성이나 콜레라나 장티푸스 등과 같은 병원균보다 수중에서 생존력과 저항력이 강하므로 살균 후 대장균군의 유무로 다른 병원균의 살균 여부를 확인할 수 있다.

질소화합물

질소화합물에는 단백질, 아미노산, 요소, 요산 등과 같은 유기질소화합물과 암모니아성질소(NH_3-N), 아질산성질소(NO_2-N), 질산성질소(NO_3-N) 화합물이 있다. 질소화합물은 주로 단백질의 분해 과정에서 생성되고, 사람이나 동물의 배설물 등에 많이 함유되어 있다. 또한 부영양화 및 적조현상을 일으키는 원인물질이며, 산화분해되는 과정에서 DO를 소비하므로 혐기성 상태를 유발하고 악취를 발생시킨다. 유기질소화합물은 암모니아성질소로 분해되고 암모니아성질소는 질산화 과정을 통하여 아질산성질소를 거쳐 질산성질소로 연속적인 분해가 일어난다. 따라서 물속에서 암모니아성질소가 검출되면 물이 최근에 오염되었음을 의미하며, 분변오염의 직접적인 지표가 되고, 오염시간이 짧아 병원균에 오염되었을 위험성이 크다는 것을 나타낸다. 질산성질소의 검출은 질소화합물의 산화반응 최종 단계로 오염시기가 오래되었음을 나타낸다.

제 6 장

수 질 관 리

1. 지하수의 관리

강우의 일부는 지표를 흘러 하천수의 형태로 흘러가고 나머지는 지하에 침투하여 지하수의 형태로 흘러간다. 지하를 흐르는 물은 미세한 토양입자 사이를 흘러가는 동안 현탁성분은 걸러져 깨끗하고 맑은 물이 되지만, 토양 속에서 칼슘, 마그네슘, 황산이온 등 무기성분들이 녹아 나오므로 용해성 성분의 농도는 점차 증가하게 된다. 석회암 지대를 흐르는 물은 칼슘 농도가 높아 센물이 되는데, 이 같은 센물은 유럽, 미국 등에 많다. 지하천수는 오랫동안 땅속에 있기 때문에 수온이 토지의 평균온도와 거의 일정하여 겨울에는 따뜻하고 여름에는 차가운 특성을 지니고 있다. 지하수의 수질은 지표수보다 양질이기 때문에 소규모 수도의 수원으로서 안정된 수급이 가능하다. 그러나 지하수를 지나치게 많이 사용하면 수자원이 부족해지고, 지반이 가라앉거나 수질이 오염되는 등의 문제가 생기기도 한다.

지하수는 땅속을 흐르기 때문에 오염되어도 쉽게 제거할 수 없으며, 한 번 오염되면 다시 복구하기도 어렵고 복구하기 위해서는 다른 수자원보다 훨씬 더 긴 시간과 많은 경제적 투자가 필요하다. 오수 정화조, 분뇨처리장, 생활 및 산업 쓰레기, 농경지 등에서 흘러나오는 오염물질이 지표수를 오염시키고 오염된 지표수가 땅속에 스며들면 지하수가 오염된다. 또한 토양이 오염되면 그 속에 깃들어 사는 토양 생물들과 지하수의 오염을 일으키고 이는 인간에게 피해를 주어 간접적인 영향을 끼친다. 또한, 급성적인 피해보다는 오랜 기간 누적되어 피해를 일으키는 만성적인 영향을 주게 된다. 이처럼 지표수 오염이나 토양오염으로 인한 지하수 오염현상은 지하수를 수자원으로 개발하고 있는 현시점에 심각한 문제가 되고 있다. 따라서 땅속을 흐르는 소중한 수자원인 지하수를 체계적으로 개발하고 이용하기 위해서는 지표수와 토양이 오염되지 않도록 노력을 기울여야 할 것이다.

2. 하천수의 수질관리

자정작용

하천에 가정하수, 공장폐수 등의 점오염원이 유입되어 오염된 경우 하천이 흐르면서 물리적, 화학적, 생물학적 작용에 의해서 스스로 정화되어 점차 깨끗한 물로 회복되는 현상을 자정작용이라 한다. 물리적 작용은 희석, 확산, 운반, 혼합, 여과, 침전 등에 의해 수중 오염물질의 농도가 감소되고 폭기에 의해 용존산소가 증가하게 되어 유기물질의 분해가 촉진되는 것이다. 화학적 작용은 산화, 환원 등에 의해 유기물질이 산화되어 수중에 이산화탄소가 배출되면 pH를 상승시켜 수산화물의 침전을 촉진시키는 것을 말한다. 생물학적 작용은 미생물의 작용에 의해 산화, 환원으로 오염물질이 분해되는 것이다.

하천의 자정단계

하천에 오염물질이 유입되면 하천수의 수질은 상류에서 하류로 흐르면서 유하거리와 시간에 따라 변하는데 Whipple는 하천의 자정단계를 분해지대, 활발한 분해지대, 회복지대 및 정수지대 등 4개의 지대로 분류하였다.

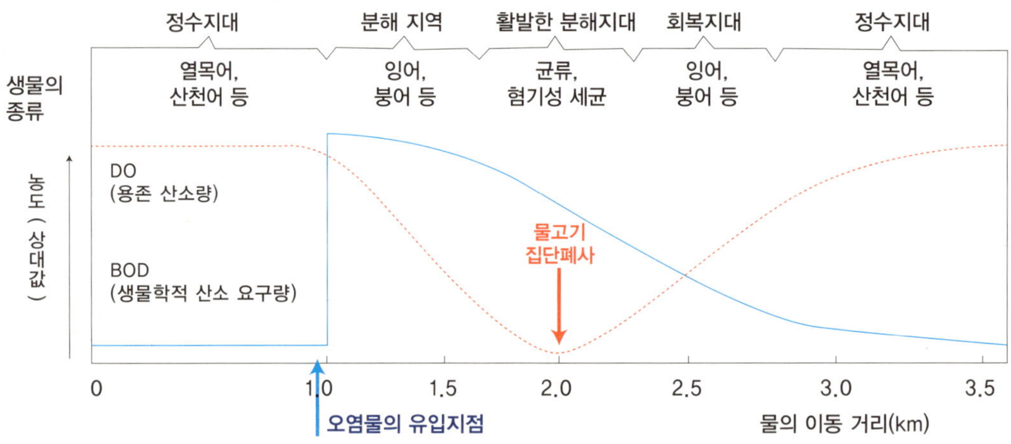

그림 6-1. Whipple의 하천의 자정단계.

▶ 분해지대(Zone of degradation)

분해지대는 오염물질이 하천에 유입되어 호기성세균에 의해 분해가 진행되는 구간이다. 호기성세균의 분해 작용에 의해 유기물의 양(BOD)이 계속 감소한다. 분해가 진행됨에 따라 용존산소량이 급격히 감소하여 용존산소 포화량이 45% 정도를 나타낸다. 호기성 분해의 산물로 이산화탄소의 양은 늘어나며, 세균 수가 증가한다. 오염에 약한 고등생물은 오염에 강한 미생물로 대체되어 녹색수중식물이나 고등생물 대신에 곰팡이류(Fungi)가 주로 번식한다. 분해지대의 특성은 희석이 잘 되는 큰 하천보다는 희석이 잘 되지 않는 작은 하천에서 더 뚜렷하게 나타나며, 큰 하천에서는 물의 원상회복이 빠르기 때문에 분해지대의 식별이 어렵다.

▶ 활발한 분해지대(Zone of active decomposition)

활발한 분해지대는 오염물질의 분해가 가속화되면서 용존산소가 없어 혐기성 상태로 변하는 구간이다. 이 지대는 혐기성 소화가 진행되는 단계로 악취가 발생하는 부패지대이다. 물의 색깔은 회색 및 검은색을 나타내고 화장실 냄새나 황화수소 가스로 인해 달걀 썩는 냄새가 난다. 혐기성세균들에 의하여 유기물이 분해되어 BOD는 계속 감소하고 DO는 거의 영(zero)에 가깝다. 검은색의 점성질 침전물이 생기고 혐기성 분해에 의해 메탄가스가 발생하여 수면에 기포방울이 떠오른다. 혐기성 분해가 진행되어 호기성 미생물이 사멸하고 대신 혐기성 미생물이 성장하게 되며, 곰팡이류의 개체 수도 감소하여 사라지고 곤충의 유충들이 존재한다.

▶ 회복지대(Zone of recovery)

회복지대는 분해지대와는 반대되는 현상이 장거리에 걸쳐서 일어나며, 유기물이 거의 모두 소모되어 용존산소의 양이 회복되는 구간이다. 용존산소 농도는 포화상태까지 증가하고 가스의 농도는 감소하며, 질소는 아질산성질소(NO_2^--N), 질산성질소(NO_3^--N)의 형태로 존재한다. 혐기성세균이 호기성세균으로 대체되고, 광합성을 하는 조류(Algae)가 번식하며 원생동물, 윤충류, 갑각류 등이 출현하여 번식하기 시작한다. 큰 수중식물이 다시 나타나고 오염에 강한 생무지, 황어, 은빛 담수어 등의 물고기도 서식한다.

▶ 정수지대(Zone of clear water)

정수지대는 오염되기 전의 상태로 수질이 회복되는 청정구간이다. 용존산소량(DO)도 풍부하여 오염되기 전과 같은 높은 상태를 유지하고, 많은 종류의 생물들이 번식하기 시작하며, 호기성세균이 다시 출현하여 성장한다. 대장균과 세균들은 다른 미생물에 포식되거나 점차 사멸되어 개체 수가 감소한다. 그리고 깨끗한 물에서 서식하는 다양한 종류의 어류와 식물들이 서식하게 된다.

표 6-1. Whipple이 제안한 하천의 자정단계별 특징

지표	자정단계	분해지대	활발한 분해지대	회복지대	정수지대
물리 화학적 요인	BOD	감소	감소	낮은 단계	매우 낮음
	DO	감소	가장 낮음	증가	높음
	탁도	높음	가장 높음	감소	낮음
	질소화합물	유기, 무기질소화합물	NH_3	NO_2^-, NO_3^-	낮음
	발생가스	CO_2	CO_2, H_2S, CH_4	CO_2	CO_2
생물적 요인	호기성세균	증가	감소	증가	적음
	혐기성세균	매우 적음	증가	감소	매우 적음
	전체 세균 수	증가	많음	감소	적음
	진균, 원생동물	증가	매우 많음	증가	적음
	조류, 수생식물	감소	매우 적음	증가	오염 전 수준
	어류 종류	오염에 강한 어종	매우 적거나 없음	오염에 강한 종류	다양한 어종

3. 호소수의 수질관리

호소수의 특성

호소수는 호와 소를 함께 칭하며, 호는 수심이 5m 이상인 담수호를 가리키고 소는 수심이 5m 이하로 규모가 작은 연못을 말한다. 호소수는 이동 속도가 느리고 정체되어 있어 오염현상에 대하여 하천과 다른 특성을 나타낸다. 호소수는 정체로 인한 용존산소의 부족 현상이나 인과 질소의 유입으로 부영양화 현상 및 침전물 유입에 의한 오염 등의 문제에 더욱 민감하다.

호수는 하천과 달리 일정 방향으로 흐르는 물의 흐름이 없기 때문에 하천의 자정단계처럼 분명한 지대(zone)의 분리는 일어나지 않는다. 그러나 호수 내에서 수심에 따른 온도차 때문에 물의 밀도가 변해 물이 수직 방향으로 이동하면서 자정작용이 생겨난다고 할 수 있다.

성층현상

호수의 성층현상은 수심에 따른 온도차로 인해 연직방향의 밀도차가 발생되어 표수층(순환대), 변천대(수온약층), 정체층(심수층) 등 층상으로 구분되는 현상을 말한다. 성층현상은 주로 여름과 겨울에 나타난다.

순환대(Epilimnion)는 표수층이라고도 하며, 최상부층으로 물의 유동은 없으나 바람에 의해 순환류를 형성하고 공기 중의 산소가 재폭기된다. 그 결과 용존산소 농도가 높아져서 호기성 상태가 되고, 조류의 광합성 작용으로 DO 농도가 포화 및 과포화되는 현상이 일어난다. 수온약층(Thermocline)은 변천대라고도 하며 순환층과 정체층의 중간층으로 수온이 수심 1m당 최대 ±0.9℃ 이상 변화한다. 정체층(Hypolimnion)은 심수층이라고 하며 온도차에 따른 물의 유동이 없는 최하부 층이다. 용존산소가 부족하여 호수 바닥에 침전된 유기물은 혐기성 상태에서 분해되므로 수질이 악화되며 CO_2와 H_2S 등이 증가한다.

호수의 계절별 수심에 따른 수온과 용존산소 농도는 다른 양상을 나타낸다. 겨울에 수면의 결빙으로 얼음 바로 밑의 온도는 0℃에 가깝고 호수 바닥의 물은 최대 밀도를 나타내는 4℃에 이른다. 따라서 물은 비교적 안정한 상태가 되며 수직적인 혼합이 없는 성층현상이 나타난다. 겨울성층은 표층수의 냉각에 의한 성층현상으로 역성층이라고도 한다. 봄이 되면서 대기의 온도가 상승함에 따라 표층수의 수온이 증가해 4℃가 되면 물의 밀도가 최대로 되므로 표층의 물은 밑으로, 아래층에 있는 물은 상층으로 이동하는 수직 혼합현상이 발생한다. 그리고 여름이 되면 표층수의 수온이 증가하여 밀도가 낮은 물이 밀도가 큰 물 위에 놓이게 되며, 온도차가 커져서 순환현상은 상층에 국한되게 된다. 표수층, 수온약층, 정체층의 가장 뚜렷한 3개의

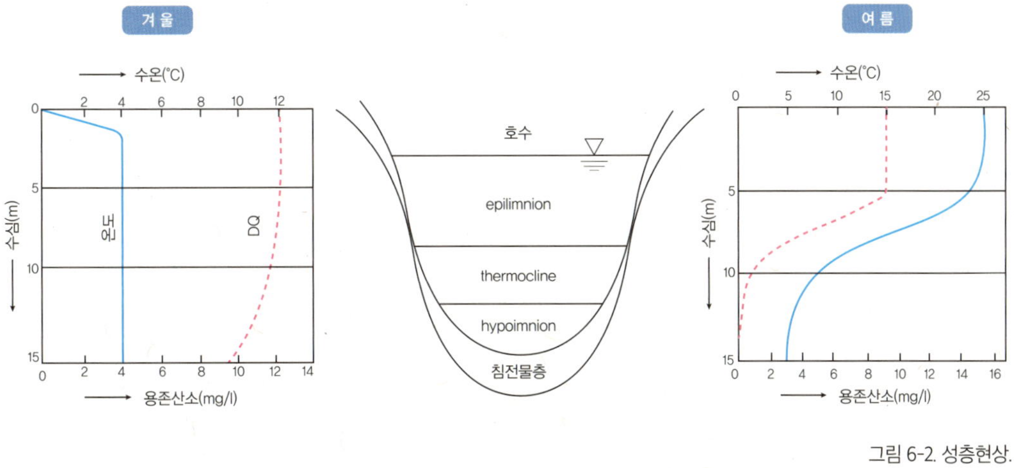

그림 6-2. 성층현상.

성층을 형성한다. 가을철이 되면서 대기의 온도가 내려가면 표층수의 수온이 점차 낮아지게 되어 표층수의 수온이 4℃에 도달하면 수직적인 정체현상은 파괴되고 다시 수직 혼합현상이 발생하게 된다. 따라서 겨울과 여름철에는 수직운동이 없으므로 정체현상이 생겨나 수심에 따른 온도와 DO 농도차가 크지만, 봄과 가을철에는 순환현상이 발생하여 수심에 따른 온도와 DO 농도의 변화가 적다. 그리고 봄과 가을의 호수는 온도차와 바람에 의하여 연직운동이 더욱 가속화되는데 이런 연직운동을 전도(turnover)라고 한다. 전도현상에 의해 연직운동이 촉진되면 호수 내 수질이 평균화되고 심층부까지 조류의 혼합이 촉진되어 상수원으로 취수할 때 수도수의 수질이 악화될 수 있다. 그리고 심층부의 영양염의 상승작용으로 표층에 규조류가 번성하여 부영양화를 촉진시킨다.

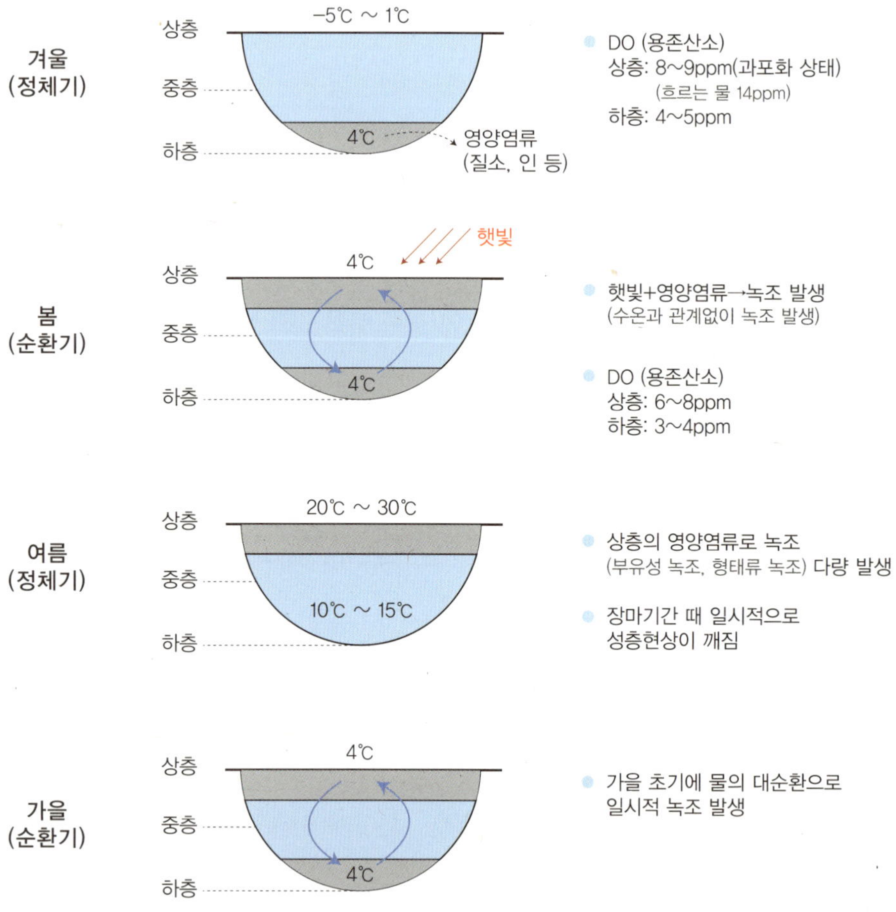

그림 6-3. 호수의 대순환.

부영양화 현상

그림 6-4. 호수의 부영양화(녹조현상).

부영양화 현상은 호수나 하천에 질소(N)와 인(P) 등과 같은 영양염류가 과다하게 유입되어 식물성 플랑크톤과 수중식물의 이상적인 번식으로 수질이 악화되어 결국에는 쓸모없는 늪으로 변하는 것을 말한다. 주로 인간의 활동에서 야기되는 유기성 공업폐수, 농업폐수, 동물의 분뇨 및 가정하수 등에서의 질산염, 인산염이 주원인이다. 부영양화가 일어나면 식물성 플랑크톤의 이상번식 증가로 사체가 분해될 때 DO가 대량 소모되고, 퇴적된 오니의 용출이 현저하게 늘어나며 COD값이 증가한다. 수질의 색도와 탁도가 높아지고 투명도도 저하되며 좋지 못한 냄새를 유발하여 위락 및 관광자원으로의 가치와 용수로서의 가치를 저하시킨다.

일반적으로 부영양화를 방지하기 위해서는 호수 내의 식물성 플랑크톤의 증식을 억제해야 한다. 부영양화 방지대책으로는 호수로 유입되는 오염물질을 제한하는 호수 외적 대책과 호수 내에서 영양염류와 식물성 플랑크톤을 제거하거나 발생을 억제하기 위한 호수 내적 대책이 있다.

- **영양물질 유입의 억제**(호수 외적 대책)
  - 하수처리장의 증설 및 고도처리 등으로 유역으로부터의 영양염류 유입을 차단함.
  - 하수처리장 방류수를 하천 하류로 유로를 변경함.
  - 수역 주변의 축산, 공장, 위락시설 등의 오염물질 배출업소를 철저히 감시하고 관리함.

- **호소 내에서의 처리 방안**(호수 내적 대책)
  - 호소 내 또는 유입지천에 철 또는 알루미늄 염을 첨가하여 영양염류를 불활성화시킴.
  - 외부의 수류를 끌어들여 물 교환율을 높임.
  - 성층파괴를 위한 심층 폭기나 강제 순환을 시킴.
  - 수심이 깊은 호소에서 영양염류 농도가 높은 심층수를 방류함.

| 저질토를 합성수지 등으로 도포하여 저질토에서 나오는 물질을 차단함.

| 영양염류가 농축되어 있는 저질토를 준설함.

| 차광막을 설치하여 조류증식에 필요한 광을 차단함.

4. 상수처리

상수원의 조건

상수원은 양적인 면에서 풍부해야 하고 질적인 면에서 안전하게 마실 수 있는 양질의 물이어야 한다. 수돗물의 수질은 병원성 세균, 독성물질, 유해물질 등이 함유되지 않아야 하고 위생적으로 안전해야 하며, 동시에 무색투명, 무미, 무취해야 한다. 대부분의 상수원수로는 하천, 호소, 지하수를 이용한다. 지하수원은 매우 깨끗하기 때문에 처리를 하지 않아도 되지만 하천이나 호소 같은 지표수는 크게 오염될 수 있으므로 처리하지 않고는 상수용으로 사용할 수 없다. 양질의 지하수를 필요한 만큼 확보할 수 없을 경우에는 복류수나 지표수를 수원으로 써야 한다. 따라서 이들 수원으로부터 수질 기준에 적합한 음료수를 얻기 위해서는 적합한 처리방식을 선택하고 결정할 필요가 있다.

상수원과 정수방식

▶ 지하수의 정수법

지하수는 수질이 양호하여 그대로 사용하여도 수질 기준에 적합한 경우가 많다. 그러나 지하수에는 경도, 철, 망간, 철박테리아 등을 함유하는 경우가 있다. 이와 같은 물은 연수화, 제철, 제망간 처리나 박테리아 제거 또는 폭기 및 여과 등의 처리를 해야 한다.

▶ 복류수의 정수법

복류수는 하천과 호수의 바닥이나 옆면의 사력층 속을 흐르는 물을 말한다. 일반적으로 수질이 양호하고 안정되어 있으므로 수원으로서는 최적이라 할 수 있다. 그러나 홍수가 발생할 경우에는 표류수의 영향으로 탁도가 증가할 수 있다. 따라서 복류수를 수원으로 사용할 경우에는 반드시 침전지와 여과지 등의 정수시설을 설치해야 한다. 복류수의 정수시설로는 완속여과법이 적합하다. 이 처리방법은 일시적인 탁도와 세균오염에 대해서도 안전할 뿐만 아니라 철, 망간 및 철박테리아 등도 거의 완전히 제거할 수 있다. 그리고 완속여과를 할 경우에는 최후에 반드시 염소 소독을 해야 한다.

▶ 지표수의 정수법

지표수는 오염 가능성이 항상 존재하므로 충분한 정수처리가 필요하다. 지표수의 정수처리 방법으로는 완속여과법과 급속여과법이 있다. 처리방법 선정은 원수의 수질에 따라 결정된다. 완속여과는 수질의 탁도가 10도 이하, BOD 3ppm 이하, 대장균군 5000/100mL 이하, 일반세균 5000/mL 이하인 경우에 적합하고 급속여과는 고탁도(30도 이상)나 오염이 심각한 원수에 적합하다.

일반정수처리

취수탑에서 취수한 물은 상수처리장으로 보내지며 다음과 같은 과정을 거쳐 정수처리한 후 각 가정으로 공급된다. 전형적인 상수처리과정은 다음과 같다.

▶ 취수장

상수원수를 취수하는 곳으로 이때 원수는 큰 나무 조각이나 비닐과 같은 쓰레기 등이 걸러진 다음 취수장으로 들어온다.

▶ 착수정

물은 강물 또는 댐에서 끌어오는 경우가 대부분이며, 거리가 가까운 경우는 수 km이나 먼 곳은 수십 km 떨어진 곳에서 큰 관을 통해 흘러 가장 먼저 도착하여 머무르는 곳이다. 이곳에서 원수에 함유된 흙이나 모래 등의 이물질들을 가라앉힌다.

▶ 약품 투입실

물속의 부유물질이나 작고 가벼워서 잘 가라앉지 않는 콜로이드 입자들을 가라앉히기 위해 황산알루미늄과 같은 응집제를 투입한다.

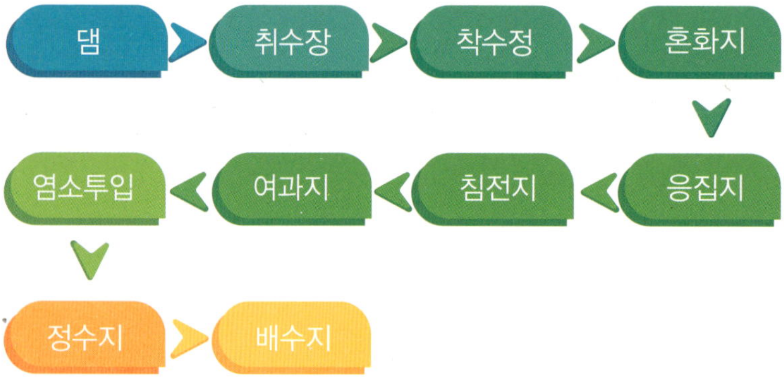

그림 6-5. 상수처리과정.

▶ 혼화지

물과 응집제가 잘 섞이도록 빠르고 균일하게 섞어 준다.

▶ 응집지

주입된 황산알루미늄 응집제에 의해 잘 가라앉지 않는 물속의 작은 알갱이들은 서로 뭉쳐서 큰 덩어리를 형성한다. 즉 응집지에서는 약품에 부유물들이 잘 섞이게 하여 침전이 잘 될 수 있도록 응집시킨다.

▶ 침전지

물속에서 큰 덩어리로 형성된 응집물을 가라앉히는 곳이다. 침전지로 들어온 물은 4시간 정도 침전지에 머무는 동안 물속의 부유물들이 바닥으로 가라앉게 되고 침전지 위에 있는 깨끗한 물은 다음 과정으로 넘어가게 된다. 침전지를 나온 물은 물속의 부유물들이 거의 제거되어 깨끗한 상태가 된다.

▶ 여과지

침전지에서 미처 제거되지 않은 아주 미세한 입자를 모래층에 통과시켜 맑게 걸러 내는 단계로 물속에 남아 있는 눈에 보이지 않는 작은 입자들을 제거한다.

▶ 소독실

여과지를 거친 물은 깨끗한 상태이지만 세균 등 미생물을 살균하기 위해 소독제(염소)를 주입

한다. 소독제로 인하여 수돗물에서 냄새가 나지만 정수장에서 가정의 수도꼭지까지 가는 동안 세균들로부터 안전성을 확보하게 된다.

▶ 정수지

맑은 물 생산 과정에서 마지막 단계로 정수처리된 물을 시내로 송수하기 전 임시로 저장하는 곳이다.

▶ 배수지

정수장에서 공급한 수돗물을 저장하여 각 가정 등으로 공급한다.

고도정수처리

고도정수처리는 일반정수처리로는 제거가 곤란한 오염물질을 제거하여 보다 안전한 수돗물을 공급하기 위하여 추가적으로 적용되는 정수처리를 의미한다. 유기화학물질, 맛·냄새 물질, 트리할로메탄(THM), 색도, 암모니아성질소 등을 처리할 수 있고, 고도정수처리기술로는 활성탄처리, 오존처리, 고급산화기술, 막분리기술 등이 있다.

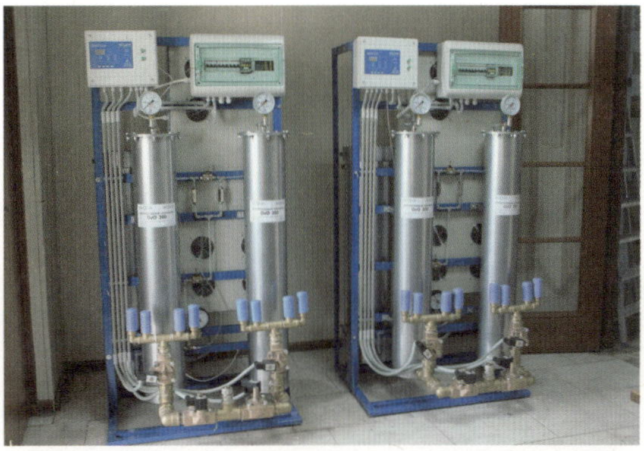

그림 6-6. 오존처리공정.

▶ 오존처리공정

19세기말 오존 살균력이 발견된 후, 독일, 프랑스, 네덜란드 등에서 소독 목적으로 도입되었다. 오존처리는 표준처리공정에서 잘 처리되지 않은 유기물을 강력한 산화력으로 제거할 뿐만 아니라 오염물질의 성질을 바꾸어 활성탄에서 잘 흡착하도록 도와주는 기능을 함으로써 THM 전구물질이나 맛·냄새 물질 등 미량 유기물질을 효과적으로 제거할 수 있다. 또한 오존은 살균력이 우수하여 소량을 사용하여도 대부분의 세균을 사멸시키며, 염소살균과는 다르게 THM 등의 유기염소계 화합물을 생성시키지 않아 대체살균제로도 사용할 수 있다.

▶ 활성탄처리

활성탄은 코코넛 껍질이나, 석탄, 나무 등을 고온에서 탄화시켜 만든 것으로 내부에 무수한 세공을 갖고 있다. 활성탄처리기술은 활성탄의 이런 내부 세공에 유해유기물질을 흡착시켜 제거하는 기술로서, THM 전구물질, 맛·냄새 물질, 농약성분 등의 미량 유해물질을 제거하는 데 효과적이다.

▶ 고급산화기술

고급산화기술은 OH라디칼을 중간생성물질로 생성하여 기존 산화제인 염소, 이산화염소 등보다 훨씬 강하게 산화하여 오염물질을 분해하는 기술을 말하며, 자외선, 염소, 오존 등 기존의 산화처리의 단점을 보완하기 위해서 개발되었다. 이 처리기술은 강력한 살균력과 산화력에 의해 생물학적으로 쉽게 분해하기 어려운 난분해성 물질도 효과적으로 분해할 수 있고, 처리 후에도 독성을 남기지 않는다는 장점을 가지고 있다. 정수처리에 이용되는 고급산화기술은 오존 및 H_2O_2 주입, UV광분해법 등이 있다.

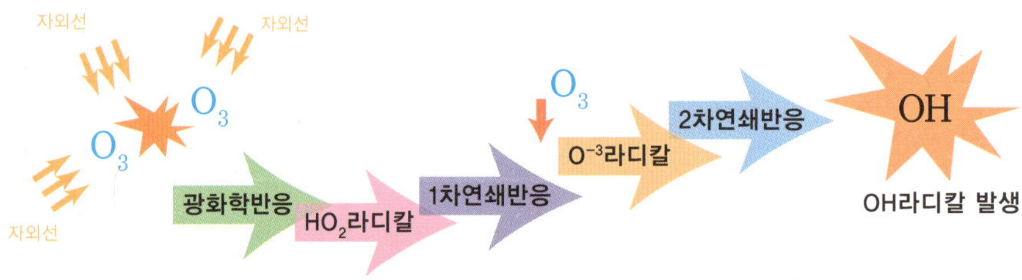

그림 6-6. OH 라디칼의 발생 메커니즘.

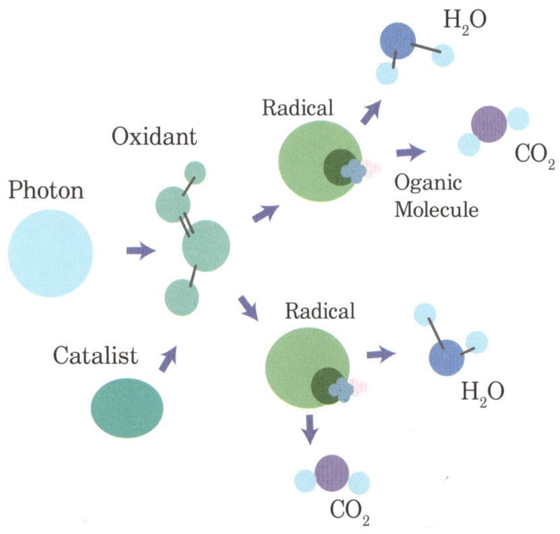

그림 6-7. 고급산화에 의한 유기물 분해 과정.

먹는 물 수질 기준

먹는 물이란 통상 먹는 데 사용하는 자연 상태의 물과 자연 상태의 물을 먹는 데 적합하게 처리한 수돗물, 먹는 샘물, 먹는 해양심층수 등을 말한다. 먹는 물 수질 기준은 인체에 미치는 영향을 고려하여 안전한 수준의 함량을 설정한 것으로 우리나라는 2022년 기준으로 먹는물의 종류에 따라 일반 세균 등 48~61개 항목으로 수질 기준 항목을 운영하고 있다. 또한 미규제 미량 유해물질은 모니터링 결과 등을 토대로 수질 기준 항목을 확대하는 등 관리하고 있다. 먹는 샘물의 수질기준은 대부분 먹는 물(수돗물) 수질기준을 적용하지만 염소 소독 등 화학적 처리가 허용되지 않는 먹는 샘물 처리 과정의 특수성을 고려하여 미생물 등에 관한 기준을 보완하고 있다. 2022년 현재 먹는샘물의 수질기준은 52개 항목을 운영 중이다.

표 6-2. 먹는물 수질 기준

구분	수질항목		수돗물	먹는샘물	먹는 해양심층수	샘물	먹는물공동시설 (약수터등)
미생물	일반 세균	저온일반세균(21℃)	100CFU/mL	100CFU/mL	100CFU/mL	20CFU/mL	100CFU/mL
		중온일반세균(35℃)		20CFU/mL	20CFU/mL	5CFU/mL	
	총 대장균군		ND/100mL	ND/250mL	ND/250mL	ND/250mL	ND/100mL
	분원성연쇄상구균		-	ND/250mL	ND/250mL	ND/250mL	-
	녹농균		-	ND/250mL	ND/250mL	ND/250mL	-
	아황산환원혐기성포자형성균		-	ND/50mL	ND/50mL	ND/50mL	-
	살모넬라		-	ND/250mL	ND/250mL	ND/250mL	-
	쉬겔라		-	ND/250mL	ND/250mL	ND/250mL	-
	분원성대장균군		ND/100mL	-	-	-	ND/100mL
	대장균		ND/100mL	-	-	-	ND/100mL
	여시니아균		-	-	-	-	ND/2L
건강상 유해영향 무기물질	납		0.01mg/L	0.01mg/L	0.01mg/L	0.01mg/L	0.01mg/L
	불소		1.5mg/L	2.0mg/L	1.5mg/L	2.0mg/L	1.5mg/L
	비소		0.01mg/L	0.01mg/L	00.01mg/L	0.05mg/L	0.01mg/L
	셀레늄		0.01mg/L	0.01mg/L	0.01mg/L	0.01mg/L	0.01mg/L
	수은		0.001mg/L	0.001mg/L	0.001mg/L	0.001mg/L	0.001mg/L
	시안		0.01mg/L	0.01mg/L	0.01mg/L	0.0mg/L	0.01mg/L
	크롬		0.05mg/L	0.05mg/L	0.05mg/L	0.05mg/L	0.05mg/L
	암모니아성 질소		0.5mg/L	0.5mg/L	0.5mg/L	0.5mg/L	0.5mg/L
	질산성 질소		10mg/L	10mg/L	10mg/L	10mg/L	10mg/L
	카드뮴		0.005mg/L	0.005mg/L	0.005mg/L	0.005mg/L	0.005mg/L
	붕소		1.0mg/L	1.0mg/L	1.0mg/L	1.0mg/L	1.0mg/L
	브롬산염		0.01mg/L	0.001mg/L	0.001mg/L	-	-
	스트론튬		-	-	4mg/L	-	-
	우라늄		0.03mg/L	0.03mg/L	-	0.03mg/L	0.03mg/L
건강상 유해영향 유기물질	페놀		0.005mg/L	0.005mg/L	0.005mg/L	0.005mg/L	0.005mg/L
	1.1.1-트리클로로에탄		0.1mg/L	0.1mg/L	0.1mg/L	0.1mg/L	0.1mg/L
	테트라클로로에틸렌		0.01mg/L	0.01mg/L	0.01mg/L	0.01mg/L	0.01mg/L
	트리클로로에틸렌		0.03mg/L	0.03mg/L	0.03mg/L	0.03mg/L	0.03mg/L
	디클로로메탄		0.02mg/L	0.02mg/L	0.02mg/L	0.02mg/L	0.02mg/L
	벤젠		0.01mg/L	0.01mg/L	0.01mg/L	0.01mg/L	0.01mg/L
	톨루엔		0.7mg/L	0.7mg/L	0.7mg/L	0.7mg/L	0.7mg/L
	에틸벤젠		0.3mg/L	0.3mg/L	0.3mg/L	0.3mg/L	0.3mg/L
	크실렌		0.5mg/L	0.5mg/L	0.5mg/L	0.5mg/L	0.5mg/L
	1.1디클로로에틸렌		0.03mg/L	0.03mg/L	0.03mg/L	0.03mg/L	0.03mg/L

구분	수질항목	수돗물	먹는샘물	먹는 해양심층수	샘물	먹는물공동시설 (약수터등)
	사염화탄소	0.002mg/L	0.002mg/L	0.002mg/L	0.002mg/L	0.002mg/L
	1,4-다이옥산	0.05mg/L	0.05mg/L	0.05mg/L	0.05mg/L	0.05mg/L
	다이아지논	0.02mg/L	0.02mg/L	0.02mg/L	0.02mg/L	0.02mg/L
	파라티온	0.06mg/L	0.06mg/L	0.06mg/L	0.06mg/L	0.06mg/L
	페니트로티온	0.04mg/L	0.04mg/L	0.04mg/L	0.04mg/L	0.04mg/L
	카바릴	0.07mg/L	0.07mg/L	0.07mg/L	0.07mg/L	0.07mg/L
	1,2-디브로모-3-클로로프로판	0.003mg/L	0.003mg/L	0.003mg/L	0.003mg/L	0.003mg/L
소독제 및 소독부산물	유리잔류염소	4.0mg/L	-	-	-	-
	총트리할로메탄	0.1mg/L	-	-	-	-
	브로모디클로로메탄	0.03mg/L	-	-	-	-
	디브로모클로로메탄	0.1mg/L	-	-	-	-
	클로로포름	0.08mg/L	-	-	-	-
	클로랄하이드레이트	0.03mg/L	-	-	-	-
	디브로모아세토니트릴	0.1mg/L	-	-	-	-
	디클로로아세토니트릴	0.09mg/L	-	-	-	-
	트리클로로아세토니트릴	0.004mg/L	-	-	-	-
	할로아세틱에시드	0.1mg/L	-	-	-	-
	포름알데히드	0.5mg/L	-	-	-	-
심미적 영향물질	경도	300mg/L	1000mg/L	1200mg/L	-	1000mg/L
	과망간산칼륨소비량	10mg/L	10mg/L	10mg/L	10mg/L	10mg/L
	냄새(소독외의 맛)	없음	없음	없음	없음	없음
	맛(소독외의 맛)	없음	-	없음	-	-
	동	1mg/L	1mg/L	1mg/L	1mg/L	1mg/L
	색도	5	5	5	5	5
	세제(음이온계면활성제)	0.5mg/L	불검출	불검출	불검출	0.5mg/L
	수소이온농도	5.8-8.5	4.5-9.5	5.8-8.5	4.5-9.5	4.5-9.5
	아연	3mg/L	3mg/L	3mg/L	3mg/L	3mg/L
	염소이온	250mg/L	250mg/L	250mg/L	250mg/L	250mg/L
	증발잔류물	500mg/L	-	500mg/L	-	-
	철	0.3mg/L	0.3mg/L	0.3mg/L	-	0.3mg/L
	망간	0.05mg/L	0.3mg/L	0.3mg/L	-	0.3mg/L
	탁도	0.5	1	1	1	1
	황산이온	200mg/L	250mg/L	200mg/L	250mg/L	250mg/L
	알루미늄	0.2mg/L	0.2mg/L	0.2mg/L	0.2mg/L	0.2mg/L

*수돗물 및 먹는물공동시설은 저온 또는 중온일반세균 중 하나만 검사할 수 있음(일반적으로 중온 실시)

물에도 유통기한이 있다!

음식물이라면 가장 먼저 확인하는 유통기한. 물을 구매할 때에도 유통기한을 확인하시나요? 하루에 섭취량이 가장 많은 여름철 물로 인한 질병들도 늘어나고 있는데요. 브랜드와 가격만 보고 구매하던 물! 물에도 유통기한이 있답니다!

◇ 물은 유통기한이 얼마나 될까?

우유나 생선, 달걀을 구매할 때 가장 먼저 보는 곳이 어디일까요?

대부분의 사람들은 유통기한을 가장 먼저 확인 할것입니다. 최근에는 유통기한뿐만 아니라 제조일자까지 확인하며 위생에 대한 관심이 두드러졌음을 알 수 있지요. 그런데 정작 하루에 가장 많이 섭취하고 특히 수요량이 더욱 많아지는 여름철, 물의 유통기한을 확인하고 구매하는 사람들은 의외로 많지 않습니다.

아무리 맑고 순수하게 걸러낸 물이라도 고여 있는 물속에는 일부 미생물들이나 정수 과정에서 생기는 일부 성분들이 있으며 이 성분들로 인해 변질될 가능성이 있기 때문에 물에도 유통기한을 표기합니다. 생수의 유통기한은 다른 유제품과 다르게 부패하는 기한이 아닌 판매를 위한 기한이라고 합니다. 하지만 밀봉된 상태라고 해도 시간이 지나면 순도가 떨어지고 정수, 제조 과정에서 물과 접촉을 한 세균으로 인해 물의 성질이 변질될 수 있습니다. '먹는 샘물 기준법'에서는 물의 유통기한을 6개월을 기본으로 하며 외국에서 수입되는 명품 생수들은 2년 정도의 유통기한을 가진다고 합니다.

또한, 생수가 담겨 있는 페트병의 영향을 무시할 수 없습니다. 용기의 특성상 외부로부터 들어오는 투과물질, 고온이나 직사광선으로 인한 유해물질, 악취 등이 풍길 수 있으니 유통기한을 따져 보고 마시는 것이 좋습니다.

◇ 고로쇠나 약수의 유통기한은 얼마 정도로 봐야 할까?

생수처럼 고도정수처리되었거나 불순물이 거의 없는 순수한 상태의 생수가 아닌 특정한 약효나 성분들이 함유되어 있는 고로쇠 수액이나 약수는 어떻게 얼마의 시간을 두고 마시는 것이 좋을까요?

많은 사람들이 건강을 위해 체내의 노폐물을 제거하고 다량의 미네랄과 무기질 성분을 함유하고 있는 고로쇠 수액을 찾고 있습니다. 고로쇠 수액은 골다공증에 특효가 있고 칼슘과 철, 마그네슘 등이 함유되어 있어 꾸준히 음용하고 있는 사람들이 늘고 있습니다.

특히 여러 산지의 약수터에서 흘러내려 오는 약수는 밀봉된 상태로 음용하는 것이 아니므로 기간을 유의하며 음용해야 합니다.

고로쇠 수액이나 약수는 냉장보관을 할 경우 음용 기간이 최대 10일 정도이며 물을 마시기 전 냄새를 확인한 뒤 혀로 맛을 확인하여 신선할 때 음용하는 것이 중요합니다. 특히 약수는 한 번 끓여 먹는 것이 좋으며 열흘 정도 시간이 지난 뒤 침전되어 있는 물은 마시지 않는 것이 좋습니다.

출처 K water

제 7 장

수질오염 방지 기술

1. 하수처리

하수처리공법은 하수 중에 포함된 오염물질을 제거하기 위한 목적으로, 처리방식에 따라 1차 처 리, 2차 처리, 3차 처리 및 고도처리 등으로 분류된다. 1차 처리는 하수 중 부유물질, 침강성 물질 을 물리적으로 제거하는 방법과 화학적 처리방법이고 2차 처리는 생물학적 처리, 3차 처리는 부영 양화 원인물질인 질소(N)와 인(P)을 처리하는 방법이다.

표 7-1. 처리방식에 따른 오염물질 처리기술

처리공정	오염물	처리기술
1차 처리	고체(현탁물질, 콜로이드물질, 유탁유)	침전 부상 응집
2차 처리	유기물(생물학적 분해가 가능한 물질)	생물학적 처리(활성슬러지, 살수여상, 회전원판)
3차 처리	유기물(생물학적 분해가 불가능한 물질)	활성탄 흡착
고도처리	무기물질(용액)	이온교환 역침투 전기투석

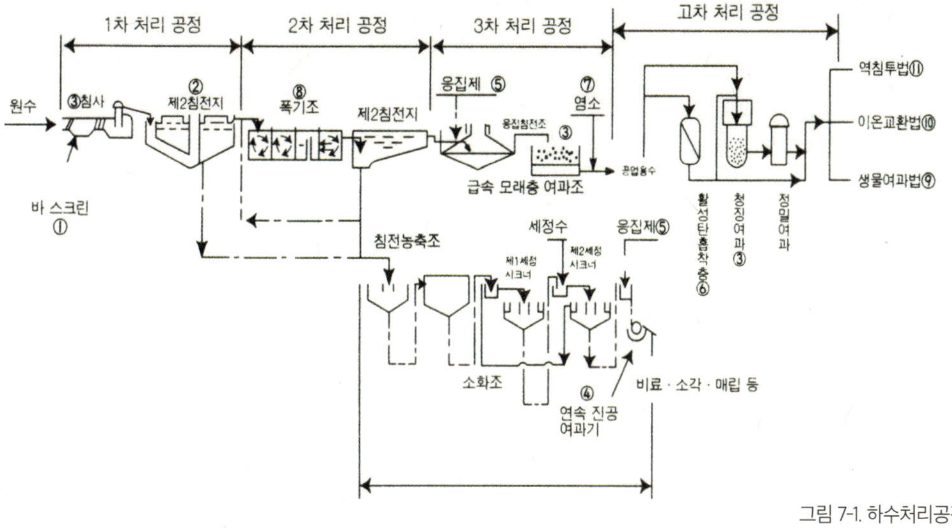

그림 7-1. 하수처리공정.

2. 물리적 처리

스크린(Screen)

스크린은 일차적으로 폐수 중에 함유되어 있는 비교적 부피가 큰 물질을 제거하는 시설로 망을 설 치하여 협잡물을 제거하기 위한 목적으로 설치하며, 협잡물은 펌프 등에 손상을 주므로 하수처리의 첫 단계 공정이다. 대규모 처리장의 침사지 전단에는 협잡물로 인한 침사기의 고장을 방지하기 위 하여 조목스크린을 설치하고 침사지 후단에는 세목스크린을 설치한다. 중·소규모 처리시설의 침사 지 전단에는 15~25mm의 세목스크린을 설치하고 후단에는 2~5mm의 미세목스크린을 설치한다.

• 하수처리공정 구성

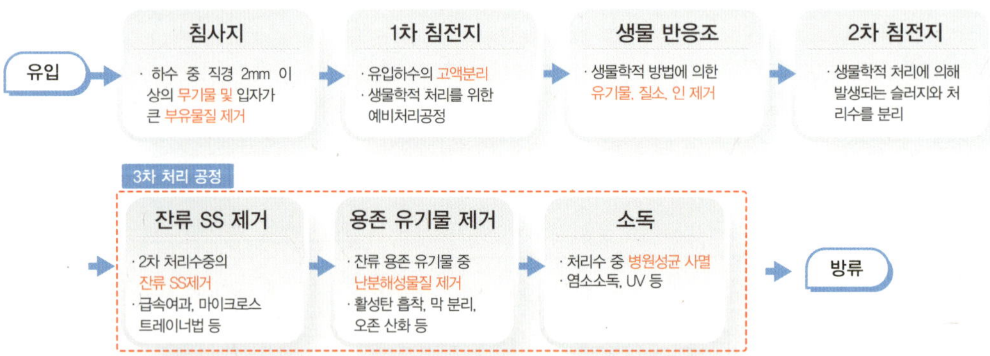

• 슬러지 처리공정 구성

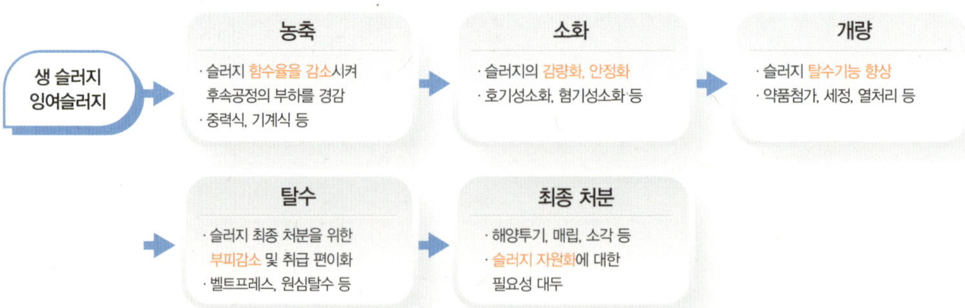

• 스크린의 종류

조목스크린 큰 협잡물을 제거하기 위한 것, 구멍 크기는 50~100mm의 수동식 또는 기계제거 식 스크린을 설치, 작업빈도가 적은 경우에는 수동식 설치

세목스크린 조목스크린을 통과한 협잡물을 제거하는 설비

미목스크린 스크린 구멍이 2~5mm로 미세한 협잡물 제거효율을 높일 수 있고, 무기성 침전물 의 일부를 제거할 수 있음

침사지(Grit chamber)

침사지란 일반적인 침전의 한 형태로 입경이 큰 모래나 자갈 등을 제거하는 시설로서 침사지의 설 치는 일반적으로 스크린 뒤, 1차 침전지 앞에 설치하고 침전대상 물질의 비중은 2.65 이상, 직경(입 자경)은 2mm이다. 침전지의 유속은 0.15~1.30m/sec 기준으로 하고 침사지의 체류시간은 30~60 초, 침사지의 깊이는 2.5~3.5m(유효깊이 1.5~2m)로 한다.

침전(Sedimentation)

침전지는 화학적 처리, 생물학적 처리 및 고도처리의 최종처리 시설로서 가장 널리 쓰이고 있는 처 리시설이다. 체류시간(3~6hr), 유효수심(2~4m), 수면적부하(25~40$m^3/m^2 \cdot d$) 등이 설계의 중요인 자이다.

그림 7-2. 침전지. © John Rostron

침전은 물보다 비중이 큰 부유물을 중력에 의해 가라앉혀 제거하는 것으로 정화 또는 농축되며, 보통 침전법은 원수 중의 부유물질이 단독입자이고 그 입자의 크기, 밀도를 알고 있을 때 Stokes 의 법칙 등의 이론으로 침전속도와 침전시간을 구할 수 있다. 보통 침전법의 침전효과는 부유물질의 제거율로 나타내며 탁도, 세균 등도 상당히 제거된다.

대부분의 침전지는 연속적인 흐름 상태에서 제거의 특성에 따라 4가지 형태, 즉 I형 침전(독

립침 전), Ⅱ형 침전(응집침전), Ⅲ형 침전(지역침전), Ⅳ형 침전(압축침전)으로 분류된다.

▶Ⅰ형 침전(독립침전-비응집성 독립입자 침전)

독립침전은 각 입자의 물리적 특성에 의한 침전이다. 부유물질의 농도가 낮은 상태에서 응결되지 않는 독립입자로서 침전은 입자 상호 간에 아무런 방해가 없고 단지 유체나 입자의 특성에 의해서 만 영향을 받게 된다. 중력식 침사지를 설계할 때 침사물의 침전형태는 독립침전의 특성을 따르고, 고형물입자의 침전은 Stokes의 법칙을 따른다. 제Ⅰ형 침전은 비중이 물보다 아주 큰 경우, 유체의 점성과 입자의 특성에만 영향을 받으며 침사지 Grit 침전과 약품을 사용하지 않은 보통침전지에 적용된다.

- Stoke's 법칙

  독립 침강하는 입자의 침강속도를 정의한 식으로 침사지, 1차 침전지 등의 입자침강속도를 구할 때 적용된다.

$$V_s = \frac{[(\rho s - \rho)gd^2]}{18\mu}$$

V_S: 입자의 침강속도(cm/sec)
ρ_S: 입자의 밀도(g/cm^3)
ρ: 물의 밀도(g/cm^3)
μ: 물의 점성계수($g/cm \cdot sec^2$)
d: 입자의 직경(cm)

※ 침강속도는 입자와 액체의 밀도 차, 입자의 크기에 비례하고 액체의 점도에 반비례한다. 따라서 침강속도는 입자의 비중이 커야 커지며, 수온이 낮은 동절기에는 물의 점도가 증가하여 침전효율이 감소한다.

▶ Ⅱ형 침전(응집침전-저농도 응집성 입자의 침전형태)

상하수의 현탁고형물의 침전, 2차 침전지의 상부 및 화학적 응집 슬러지를 침전시킬 경우에 적용되 며, 현탁입자가 침전하는 동안 응결과 병합을 일으켜 입자의 질량이 증가하여 침전속도가 빨라진 다. 침전지의 깊이가 깊을수록 입자가 결합할 기회가 많기 때문에 더욱 증가하게 된다. 따라서 침 전효율은 유량, 속도경사, 입자의 농도와 크기, 표면적과 깊이 등에 영향을 받는다. 주로 약품침전 지의 침전부, 최종침전지 상부에 적용된다.

▶ Ⅲ형 침전(지역침전-고농도의 응결된 입자침전)

부유고형물질의 농도가 높으면 2차 침전에서 입자가 서로 접할 때 상호 간 인력에 의해 부착되어 겉보기에 비중이 커지면서 침강속도가 빨라지고 고형물 플럭Floc의 침전이 이루어진다.

Ⅰ, Ⅱ형 침전 다음에 발생하는 단계이며, 생물학적 처리인 2차 침전지의 침전형태이다. 플럭의 밀도가 높은 2차 침전지, 슬러지 농축조의 침전부에 적용된다.

▶ Ⅳ형 침전(압축침전-고농도의 고형물침전)

물속에 함유된 부유고형물질의 농도가 아주 높은 경우에, 슬러지 상호 간의 압밀성에 의해 슬러지 는 압축되어 하부로 서서히 하강하고, 슬러지 층 하부의 물이 상부로 올라오면서 고형물이 분리되 는 침전을 압축침전이라 한다. 2차 침전지 및 농축조의 저부에서 침전하는 형태이며, 고형물 농도 가 매우 높은 2차 침전의 슬러지 퇴적부, 슬러지 농축조에 적용된다.

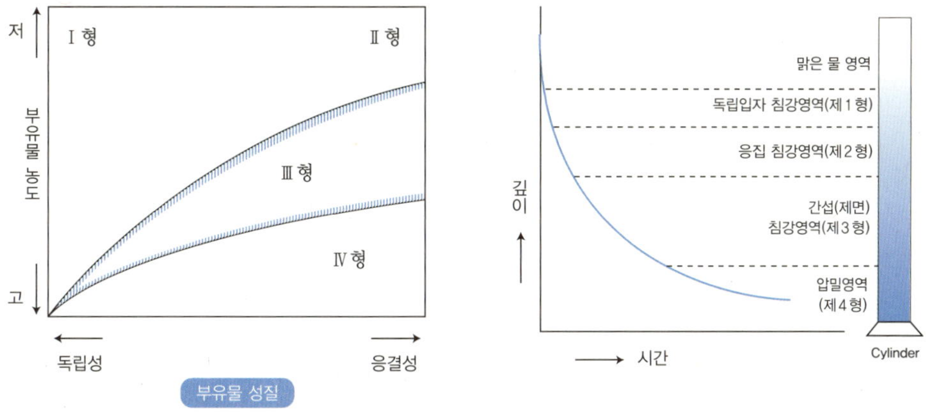

그림 7-3. 침전형태의 분류.

여과

여과는 공극이 있는 매질층에 물을 통과시켜서 부유물을 제거하는 방법이다. 여과재로서는 모래, 무연탄, 규조토, 혹은 세밀히 짜인 섬유를 사용한다.

- 여과의 종류

미여과	플랑크톤이나 부유물을 제거하기 위한 여과법세밀하게 짜인 강철망이 사용됨.
규조토여과	미세하게 제조된 금속망이나 섬유망 위에다 다공성인 규조토 막을 형성시켜 물을 여과한다. 수영장이나 소규모 지역에서 많이 사용함.
압력여과	강철재 탱크 내의 여재와 하부배수시설을 장치한 여과시설로 펌프에 의하여 생기는 압력으로 물을 여과한다.

완속 모래여과지 화학적 전처리가 요구되지 않을 정도로 낮은 탁도를 가진 원수를 여과한다.

급속 모래여과지 도시 급수를 위한 정수시설로서 가장 보편적으로 이용되며, 원수의 침전과 응 집처리 후에도 남아 있는 비침전성 응결물(floc)과 불순물을 제거한다. 물은 여과 지 상부의 수압과 하부에서의 흡인력에 의하여 여과층을 통하여 흐르며 수두 손실이 커지면 역세척을 위하여 물을 반대 방향으로 흐르게 하여 모래층을 청소한다. 여과 작용은 대단히 복잡하나 주로 여과, 응결, 그리고 침전에 의해서 일어난다.

표 7-2. 급속여과와 완속여과의 비교

내용	완속여과	급속여과
여과속도	5~10mg/day	100~200m/day
약품처리	-	필수조건이다
세균제거율	크다	작다
손실수두	작다	크다
건설비	크다	작다
유지관리비	적다	많다(약품 사용)
수질과의 비교	저탁도에 적합	고탁도, 고색도, 조류가 많을 때
여재세척	시간과 연력이 소요	자동제어시설로 적게 든다

흡착

흡착은 용액 중의 분자가 물리적 혹은 화학적 결합력에 의하여 고체 표면에 붙는 현상으로 이때 들러붙는 분자를 피흡착제, 분자가 들어올 수 있도록 표면을 제공하는 물질을 흡착제라 한다. 물리적 흡착과 화학적 흡착으로 나눈다. 물리적 흡착은 결합이 약한 경우, 즉 가역적인 흡착이며, 화학적 흡착은 흡착제와 피흡착제 간의 결합이 대단히 강한 경우, 즉 비가역적인 흡착이다. 흡착 대상은 정수나 폐수의 생물학적 처리를 방해하는 화학약품 폐수, 생물학적으로 분해가 어려운 화학물질 및 미처리 유기물, 강이나 하천의 생태계에 중대한 영향을 미치는 독성물질, 냄새나 색도 등이다.

3. 화학적 처리

공장폐수는 물리적 처리만으로 충분히 정화되지 않는 경우가 많기 때문에 화학적 처리로 오염물질을 분해 및 제거하게 된다. 화학적 처리에 의해서 미세한 현탁물질 및 COD가 제거되며, pH 조절, CN^-의 산화처리, Cr^{6+}의 환원처리, N 및 P 제거, 소독, 경도제거 등에 적용된다.

pH 조정(중화)

제조과정에서 산성 및 알칼리 처리를 하는 경우 배출되는 폐수도 산성 및 알칼리성을 띠게 된다. 같은 공장에서 산성 및 알카리성 폐수가 함께 배출되면 서로 중화시킬 수 있으나 그렇지 못한 경우는 산 또는 알칼리성 약품을 사용하여 중화한다. 여기서 중화는 pH를 7로 한다는 의미보다 광의적으로 pH 조정을 의미한다.

산성배수의 중화에는 가성소다, 소다회, 소석회, 생석회를 사용한다. 가성소다나 소다회는 값은 비싸지만 반응속도가 빠르고 pH를 정확하게 조정할 수 있다는 장점이 있다. 반면 소석회나 생석회는 값이 싸지만 반응시간이 길어지는 단점이 있다.

알카리성 배수의 중화에는 황산과 염산이 사용된다. 묽은 황산은 부식이 강하므로 보통 진한 황산을 사용한다. 황산에 비해 염산은 값이 비싸고, 더욱 부식성이 강하고 높은 휘발성을 지닌다.

화학적 응집

폐수 속에 현탁입자나 콜로이드 입자들은 정전기 전하 때문에 물속에서 분산되어 있으면서 쉽게 침강하지 않는 경우가 많다. 이런 경우에 화학적 응집이 적용된다. 응집은 진흙입자, 유기물, 세균, 조류, 색소, 콜로이드 등 탁도를 일으키는 콜로이드(colloid) 상태의 불순물을 제거하기 위하여 채택되며 때로는 맛과 냄새도 제거되므로 오염된 지표수 및 각종 폐수처리에 많이 이용되는 단위공법이다. 콜로이드 입자와 반대전화를 가진 물질, 즉 응집제를 첨가하면 수중에서 미립자의 접합과 접착이 일어나고, 다시 교반하면 큰 플럭을 생성하게 된다. 응집제를 주입한 후 급속 교반하여 콜로이드 입자 및 미세입자를 불안정화(destabilization)시켜 부착시키는 공정이 응집공정이고, 콜로이드의 침강성 향상을 위하여 콜로이드를 뭉치게 하는 것으로[플록 형성]

입자 간의 접촉 기회를 증가시키기 위하여 천천히 교반시키는 공정이 응결공정이다. 따라서 화학적 응집은 응집과 응결공정으로 나눈다.

응집제로는 알루미늄염이나 철염 등이 사용되는데, 콜로이드 입자의 표면에 알루미늄염이나 철염이 흡착되어 콜로이드 입자의 불안정화가 일어나고 이어서 덩어리가 형성이 된다. 응집 보조제로 응집고분자를 사용하면 응집효과를 더욱 향상시킬 수 있다.

물의 연수화

연수화는 경도성분인 칼슘과 마그네슘 성분을 제거함으로써 센물(경수)을 단물(연수)로 바꾸는 것을 말한다. 경수는 인체에 유해한 것은 아니나 세탁용수나 공업용수로 사용하기 어렵다. 특히 경도가 높은 물은 보일러나 수관(水管) 내에 $CaCO_3$, $CaSO_4$ 등의 스케일(scale)이 형성되어 보일러의 열전도율을 저하시키고 파이프 등의 패색을 일으키므로 경도성분의 제거가 필요하다. 연수화법에는 자비법과 석회-소다회법이 있다.

▶ 자비법(煮沸法, process of boiling)

일시경도(탄산경도)를 소규모로 간략히 처리할 수 있는 방법이며 대규모 처리에는 부적당하다.

$$Ca(HCO_3)_2 \xrightarrow{\text{가열}} CaCO_3\downarrow + CO_2\uparrow + H_2O$$

▶ 석회-소다회법

탄산가스(CO_2)와 탄산경도는 소석회를 사용하고 비탄산경도는 소다회와 소석회를 사용하여 Ca^{2+}는 $CaCO_3$로 Mg^{2+}는 $Mg(OH)_2$로 변화시켜 침전, 제거한다.

소독(염소처리)

염소(Cl_2)는 산화 작용이 강해 대장균, 전염성 병원균 등의 살균제로 이용되고 이외에 악취제거, 색도제거, 부식통제, BOD제거 등으로 사용한다. 폐수처리 시 염소 1mg/l를 주입할 경우 BOD 2mg/l가 감소되며, 철, 망간이 5mg/l 정도 감소된다고 한다. 염소는 수중에서 유리잔류염소와 결합잔류염소로 존재한다.

▶ 유리잔류염소

수중에서 염소가 HOCl(차아염소산), OCl^-(차아염소산 이온) 형태로 존재한다. 살균력은 pH가 낮고, 수온이 높으며, 염소 농도의 반응시간이 길수록 강하다.

▶ 결합잔류염소

염소가 수중의 암모니아나 유기성 질소화합물과 반응하여 존재하는 것을 결합잔류염소라 하고, 이의 대표적인 형태가 클로라민(chloramine)이다.

▶ 염소의 살균력

HOCl 〉 OCl− 〉 chloramines

염소의 살균력은 온도가 높고, 반응시간이 길며, 주입 농도가 높을수록, 또 낮은 pH에서 강하다. Chloramines은 살균력은 약하나 소독 후 물에 이취미를 주지 않고 살균작용이 오래 지속되는 장점이 있다.

4. 생물학적 처리

생물학적 처리는 폐수 내에 존재하는 유기물 중 생물에 의해서 분해가 가능한 유기물을 미생물을 이용해서 제거하는 방법이다. 생물학적 처리의 종류에는 호기성 처리, 혐기성 처리, 임의성 처리가 있다. 호기성 처리는 호기성균을 이용하여 오염물을 처리하는 공정으로 활성오니법, 살수여상법, 산화지법, 회전원판법 등이 있고, 혐기성 처리는 혐기성균에 의해서 오염물을 처리하는 공정으로 혐기성 소화법, 부패조, 혐기성 산화지법 등이 있다. 그리고 임의성 처리는 호기성과 혐기성의 중간으로서 살수여상이나 산화지 등에서 산소가 모자라면 임의성이 된다.

활성오니 처리(활성슬러지법)

활성오니법은 호기성 조건에서 폐수 내의 유기물을 기질로 하여 미생물을 증식시킴으로써 용존 유기물이 미생물에 의해 섭취, 분해, 제거되는 공정이다. 폐수에 적당한 공기를 불어 넣으

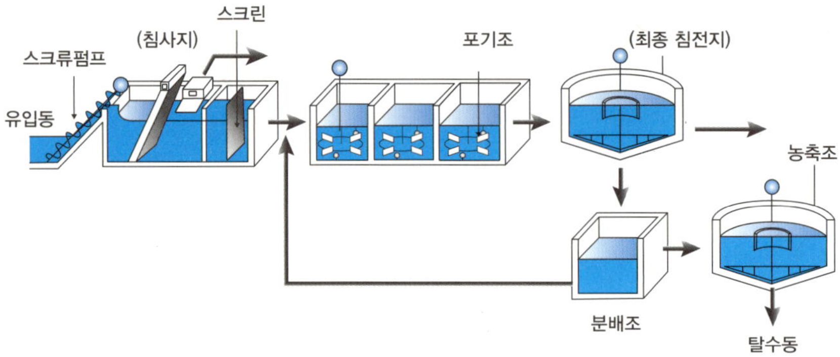

그림 7-4. 표준 활성슬러지법의 처리계통도.

면, 폐수 중의 유기물을 영양원으로 하여 각종 호기성 미생물이 번식하게 되고, 교반작용으로 하수 중의 부유물과 콜로이드상 물질이 응집된 플럭이 침강하게 된다. 이러한 플럭은 다수의 호기성 미생물을 함유하는 미생물성 슬러지로서 유기물의 산화능과 흡착능이 뛰어나고 또한 침강성도 매우 높아 활성오니라고 부른다. 폭기조에서 활성오니와 유기물을 접촉시켜 유기물을 산화 및 분해시키고 침전조에서 처리수와 활성오니를 분리하여 활성오니의 일부를 다시 폭기조로 반송시켜 처리한다.

표 7-3. 표준 활성슬러지법의 장단점

장점	단점
• 설치 면적이 적음. • 처리수 수질이 양호함. • 악취 발생 및 파리 발생이 적고 2차 공해의 우려가 적음. • BOD, SS의 제거율이 높게 나타남.	• 운전 비용이 많이 듬. • 유지관리에 숙련을 필요로 함. • 수량 및 수질에 영향을 받음. • 슬러지 생성량이 많음. • 슬러지팽화(Sludge bulking)가 일어남.

살수여상

살수여상은 보통 도시하수의 2차 처리를 위하여 사용되며 활성슬러지 공법과는 달리 1차 침전 유출수를 미생물 점막으로 덮인 쇄석이나 기타 매개층 등의 여재 위에 뿌려서 미생물 막과 폐수 중의 유기물을 접촉시키는 고정상에 의한 처리법이다. 유기물 제거는 여상의 상부에서 가장 높고, 하부 층으로 갈수록 제거율이 감소된다. 살수여상법에는 고율살수여상법과 표준(저율) 살수여상법이 있다. 고율살수여상법은 대규모 처리에 이용되며 폐수를 여상에 연속적으로 유

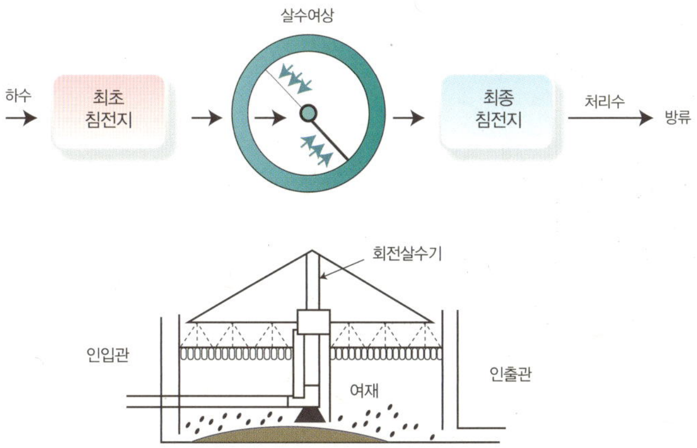

그림 7-5. 살수여상처리 공정도.

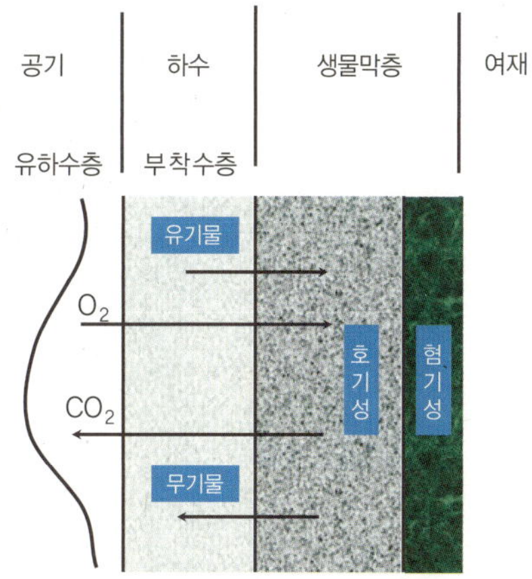

그림 7-6. 여상표면에서 유기물질의 분해원리.

입시키고 계속적으로 처리수를 반송시켜 여과속도가 빠르다. 혼합유출수를 재순환시킴으로써 생물막의 탈리도 감소되고 여재 막힘 및 연못화가 방지된다. 반면에 동력소모량이 크고 전체적인 BOD 제거율이 표준살수여상보다는 낮다. 상대적으로 좁은 부지인 경우 고율살수여상법이 많이 이용된다. 표준살수여상법은 폐수를 여재 위에 간헐적으로 유입하여 처리하는 방법이다. 구조가 간단하고 운전이 쉬우며 운전비가 적게 소요된다. 질소화합물을 질산화시킬 수 있으며, 슬러지 발생량이 적고 BOD 제거율이 최고 85%로 높은 것이 특징이다.

표 7-4. 살수여상의 장단점

장점	단점
• 슬러지의 팽화가 발생하지 않음. • 조건의 변동에 따른 내구성이 좋음. • 슬러지량과 공기량의 조절이 불필요함. • 슬러지가 적게 발생함. • 운전이 용이함. • 건설 및 유지관리비가 적음.	• 여재 비표면적이 적음. • 처리효율이 활성슬러지법에 비하여 낮음. • 처리공정의 손실수두가 큼. • 활성슬러지법보다 정화능력이 낮음. • 즉 발생하는 슬러지는 쉽게 안정화되지 않음. • 생물막의 공기유동저항이 크므로 산소공급능력(산소결핍)에 한계가 있음.

회전원판법

회전원판법은 직경 2~5m인 주로 플라스틱제의 원판체를 여러 장 겹쳐 수평 방향의 축(shaft)에 15~30mm 간격으로 고정시켜, 원판 표면적의 총 40%가 수중에 침적되도록 수조에 설치되어 있다. 축에 고정된 판들은 축과 함께 천천히 회전하면서 물과 공기를 교대로 접촉함으로써,

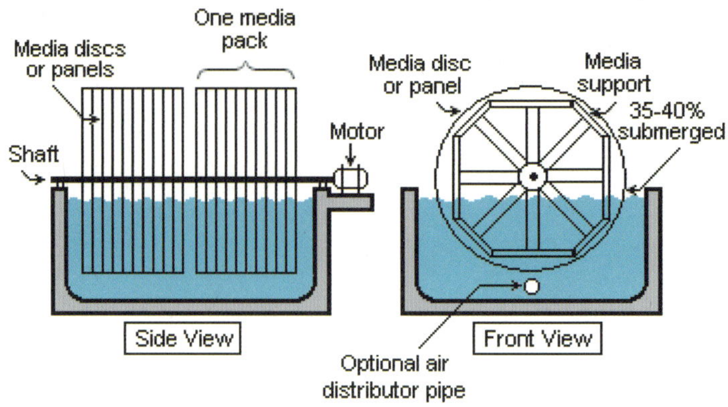

그림 7-7. 회전원판 파일럿 플랜트 구조 및 모형.

원판 표면에 부착된 1~3mm의 미생물 막에 의해 하수 중의 유기물질을 흡착하여 산화 및 동화작용을 통해 정화시킨다.

장점으로는 포기 및 슬러지의 반송이 필요 없고, 소비전력량은 소규모처리시설에서는 표준활성슬러지법에 비해 적다. 질소, 인 등의 제거가 가능하고 활성슬러지법에서와 같이 팽화로 인해 최종침전지에서 일시적으로 과잉 슬러지의 발생량이 적다. 충격부하 및 부하변동에 강하며 저농도 및 고농도 BOD 처리가 모두 가능하며, 잉여슬러지의 생성량이 적다.

단점으로는 생물량의 인위적인 조절이 곤란하고 질화가 일어나기 쉬우며, 처리수의 BOD가 높아질 수 있고, pH가 내려가는 경우도 있다. 그리고 활성슬러지법에 비해 최종침전지에서 미세한 부유물(SS)이 유출되기 쉬우며, 처리수의 투명도가 나쁘다.

제 8 장

대 기 오 염

1. 대기오염의 정의

세계보건기구가 규정하고 있는 대기오염이란 "대기 중에 인위적으로 배출된 오염물질이 한 가지 또는 그 이상이 존재하여 오염물질의 양, 농도 및 지속 시간에 따라 어떤 지역의 불특정 다수인에게 불쾌감을 일으키거나 해당 지역에 공중보건상 위해를 끼치고, 인간이나 동식물의 활동에 해를 주어 생활과 재산을 향유할 정당한 권리를 방해받는 상태"라고 정의하고 있다. 간단하게 말해서 대기오염은 대기 중에 먼지, 유해가스, 악취 등의 바람직하지 못한 오염물질이 인간, 동식물, 재산 등에 유해한 영향을 미칠 정도로 특정 지역에 다량으로 존재하는 현상을 말한다.

2. 대기오염의 역사 및 사건

대기오염의 역사

▶ 영국

1257년 헨리 3세의 엘리노어 왕비가 굴뚝에서 나오는 매연이 불쾌하다 하여 노팅엄 궁전으로 피신하였다는 대기오염에 대한 최초의 기록이 있다. 1272년 에드워드 1세 때 석탄을 불법으로 판매하거나 태우는 사람을 처형 또는 교수형에 처하였고, 1307년 에드워드 1세는 석탄의 매연에 대해 단속하고 규제하였다. 그리고 1661년 찰스 2세는 칙령을 제정하였으며, 1952년에는 최초의 스모그 사건인 런던 스모그 사건이 발생하였다. 그 뒤 1956년에 공기청정법이 제정·공포되었다.

▶ 미국

1912년 미국의 모든 도시를 대상으로 매연조사가 실시되었고, 1948년 10월에 도노라 사건이 발생하였으며, 1954년 최초의 광화학스모그 사건인 LA 스모그 사건이 발생하였다. 이러한 대기오염을 방지하기 위하여 1963년 공기청정법이 제정되었고 1968년에 실시되었다.

▶ 한국

최초로 발생한 환경분쟁은 1965년 부산의 감천화력발전소와 그 주변에 살고 있는 사람들 간에 일어난 매연에 대한 분쟁이었다. 공해방지법은 1963년에 제정·공포되었고, 1971년에 개정·공포되었으며, 1977년에 환경보전법이 공포되었다.

주요 대기오염 사건

대표적인 대기오염 사건으로는 1930년 벨기에에서 발생한 뮤즈계곡 사건, 1948년 미국에서 발생한 도노라 사건, 1950년 멕시코에서 발생한 포자리카 사건, 1952년 영국의 런던 스모그 사건, 1954년 미국의 LA 스모그 사건 등이 있다. 각 사건의 원인과 피해 현황은 표 8.1과 같다.

표 8-1. 주요 대기오염 사건의 원인과 피해 현황

사건명	발생시기	발생장소(국가)	배출원 및 주 원인물질	피해 형태 또는 규모
뮤즈계곡 사건	1930. 12.	Meuse Valley, Belgium	산업시설 SO_2, CO, PM, SO_4 mist, F-compounds	• 60여 명의 사망자(평상시보다 사망자 수 10배 증가)
도노라 사건	1948. 10.	Donora, PA, USA	산업시설 SO_2, O_4-mist	• 18명 사망 + 인구 14,000명 중 43% 피해
런던 사건	1952. 10.	London, UK	가정난방 및 산업시설 SO_2, aerosol	• 초기 4천 명 사망(첫 3주) • 추가적으로 8천 명 사망(그 후 2개월간)
로스엔젤레스 사건	1954년 후 (빈번히 발생)	LA, CA, USA	자동차 배기가스의 광화학반응 NOx, PAN, VOCs, Ox, O_3	• 도시민들에게 불쾌감 유발 • 가축, 과일, 식물의 생장률 저하 • 산업시설물 손상
포자리카 사건	1950. 11.	Poza Rica, Mexico	산업시설 H_2S누출	• 총인구 22,000명 중 320명 급성 중독 → 22명 사망
요코하마 사건	1946, 겨울	Tokyo&Yokohama, Japan	원인 불분명 → 산업시설물의 배출로 추정	• 지역주둔 미군 군속 및 가족들의 천식 발병
보팔 사건	1984. 12.	Bopal, India	산업시설물의 누출 살충제 (methylisoc ynate)	• 시민 20,000명 이상 응급치료 • 가축 집단 폐사
체르노빌 사건	1986. 4.	Chernovyl, USSR (우크라이나)	원자력발전소의 시설물 파괴 방사능 물질의 누출	• 사건 당시 당국의 공식발표 • 204명 사망(잠재적 피해자 감안, 수만 명 추정) • 40만 난민과 900만의 직·간접피해 • 상당량의 곡물 및 축산물폐기
후쿠시마 원전 사고	2011. 3.	일본 후쿠시마 시	쓰나미로 인한 원자력발전소의 시설물 파괴 방사능 물질의 누출	• 수만~수십만 명 이상의 이주민 발생 • 오염 현재 진행 중(향후 어떤 피해가 일어날지 정확한 파악이 안 된 상태)

3. 주요 대기오염물질

발생원에 따른 분류

대기오염물질은 발생원에 따라 자연적 발생원과 인위적 발생원으로 분류된다. 자연적 발생원은 기상이나 기후에 의한 발생원으로 화산폭발에 의한 화산재나 가스, 산불, 식물의 꽃가루, 먼지나 황사 등이 속한다. 인위적 발생원은 인위적인 에너지 생산 과정이나 연료의 연소과정, 수송수단에 의한 이동오염원, 제품의 생산이나 가공공정 등 사람들의 일상생활을 영위하는 과정에서 발생되는 오염물질을 말한다. 인공 오염원에서 주로 배출되는 대기오염물질에는 총부유분진(TSP), 황산화물(SOx), 질소산화물(NOx), 탄화수소(HC), 일산화탄소(CO) 등이 있다.

생성 과정에 따른 분류

대기오염물질이 생성되는 과정에 따라 1차 오염물질과 2차 오염물질로 분류한다. 1차 오염물질은 오염원으로부터 대기로 배출될 때의 상태 그대로 존재하는 물질을 말하며 먼지, 황산화물(SOx), 질소산화물(NOx), 탄화수소(HC), 일산화탄소(CO) 등이 있다. 2차 오염물질은 1차 오염물질 등이 대기 중에서 광화학 또는 산화반응에 의해 새롭게 생성된 물질을 말하며, 오존, PAN(peroxyacetyl nitrate), H_2O_2 등이 있다.

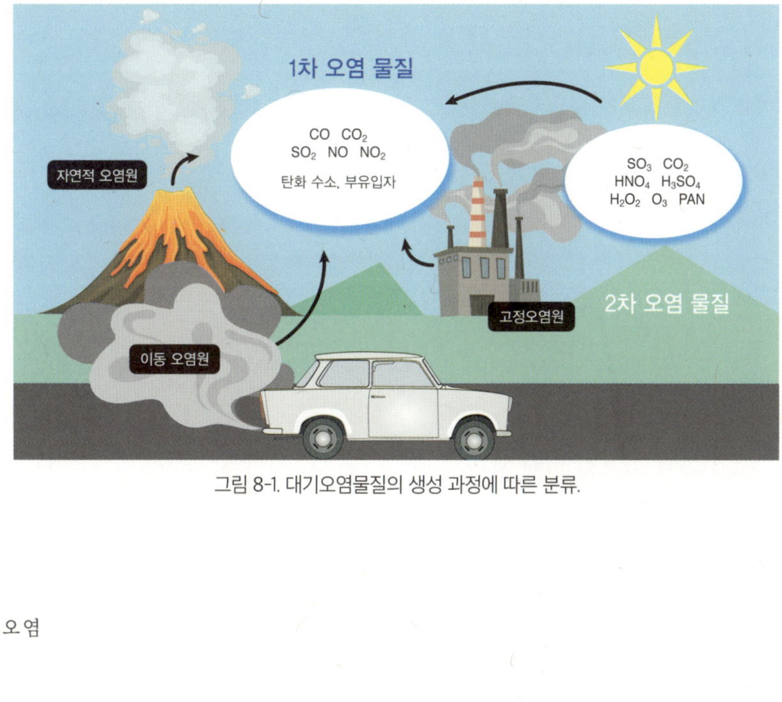

그림 8-1. 대기오염물질의 생성 과정에 따른 분류.

물리적 성상에 따른 분류

▶ 입자상 물질

입자상 물질은 물질의 파쇄, 분쇄, 선별, 퇴적 등에 의해 발생되는 매우 작은 크기의 액체 및 고체 상태의 물질로서 분진 또는 에어로졸이라고 불리며, 크기는 0.1~10μm이다. 2.5μm 미만의 미세입자들은 인간 및 동물이 호흡할 때 흡입되어 폐 깊숙이 침투하여 호흡기 질환을 유발할 수 있기 때문에 중요한 대기오염물질이다. 미세입자 중 0.3~1μm의 크기를 갖는 입자는 시야를 좁히고, 태양광의 투과를 감소시키는 역할을 한다. 거대입자는 수 분 또는 수 시간 내에 지면으로 낙하하게 되고 정상적으로 코로 호흡을 할 경우 비강경로에서 여과되기 때문에 문제가 되지 않는다.

- 분진

  대기 중에 부유하거나 비산 강하하는 미세한 고체상의 입자상 물질이다.

  부유분진 대기 중에 부유하는 입자상 물질 중에서 10㎛ 이하로 입경이 작아서 장기간에 걸쳐 대기 중에 떠다닌다.

  강하분진 입경이 커서 대기 중에 떠 있지 못하고 중력 또는 강우에 의하여 쉽게 강하한다.

- 훈연(fume)

  승화, 증류 및 화학반응 과정에서 휘발성 기체가 응축할 때 생기며, 0.03~0.3㎛ 이하의 고체 입자로 상호 응집하기 쉬운 성질을 가진다.

- 미스트(mist)

  증기의 응축 또는 화학반응에 의해 생성되는 0.01~10㎛ 정도의 액체상 입자로서 공기 중에 부유하기도 하고 침강하기도 하는데 수평시정거리가 1km 이하이며 회백색을 띈다.

- 연기(smoke)

  불완전한 연소로 생성되는 0.01㎛ 이상의 미세입자로 탄소성분과 연소물질로 구성되어 있다.

- 안개(fog)

  아주 미세한 물방울이 공기 중에 떠 있는 현상으로 수평시정거리는 1km 이하이다.

- **비산재**(fly ash)

  연료의 불완전한 연소에 의해 생성되는 미세한 재의 입자이며 불완전한 연소 연료를 포함한다.

- **액적**(droplet)

  고요한 상태에서는 낙하하지만 와류가 있는 상태에서는 부유하는 밀도가 작은 액체입자이다.

- **박무**(haze)

  시야를 방해하는 물질로 수분, 오염물질 및 먼지 등으로 구성되어 있는 1㎛ 이하 입자이다.

▶ 가스상 물질

가스상 물질은 25℃, 1atm에서 기체 상태로 존재하는 오염물질로 연소, 합성, 분해 시에 발생한다.

- **황산화물**(SOx)

  연료 중 황(S)분이 연소 시 산소와의 결합에 의해 생성되고, 대기 중으로 배출된 이산화황(SO_2)과 삼산화황(SO_3)을 말한다. 주로 석탄이나 석유와 같은 화석연료의 연소과정, 제련산업, 수송기관에서 주로 발생하는데, 97% 이상이 화석연료의 연소과정에서 배출되고 배출되는 물질 중에 SO_2가 95%를 차지한다.

  이산화황은 아황산가스로 불리는 자극성 냄새를 가진 무색의 기체이며, 낮은 농도에서도 호흡장애를 일으키는 유독한 기체이다. 식물은 동물이나 인간보다 아황산가스에 더욱 민감하게 반응한다. 아황산가스가 식물의 기공을 통하여 흡수되면 세포를 파괴하여 잎은 퇴색되고 반점이 생기면서 마르게 된다. 대기 중에 있는 아황산가스는 대기 중의 수분에 녹아 황산이 되므로 산성비의 원인이 된다.

- **질소산화물**(NOx)

  일반적으로 NO와 NO_2를 말하며 N_2O_3, N_2O_4, N_2O_5, NO_3 등을 포함한다. 주로 연료의 연소 시 공기 속에 포함된 질소 및 연료 중에 함유된 질소성분이 산화되어 생성되며, 연소온도가 높을수록 많이 생성된다. 자동차와 같은 내연기관에서는 질소를 포함하지 않은 휘발유를 연료로 사용하지만 고온연소과정에서 공기 중의 질소가 산화되므로 배기가스에는 질소산화물이 많이 포함되어 있다.

일산화질소(NO)는 무색, 무취의 비자극성 기체로, 화석연료 연소과정에서 90% 이상 배출된다. 혈액 중 헤모글로빈과 결합력이 매우 강해(CO의 1,000배, NO_2의 3배) 혈액 중에서 산화되어 메타헤모글로빈을 형성하여 중추신경계의 장애를 초래한다. 광화학스모그의 전구물질이며, 대기 중에 있는(물에 녹으면 질산이 되어 산성비의 원인이 되기도 한다.)

이산화질소(NO_2)는 적갈색의 자극성 기체로 부식성이 강하고 산화력이 크다. 일산화질소보다 수용성이며 독성이 5~7배 더 강하다.

- 일산화탄소(CO)

일산화탄소는 연료의 불완전 연소과정에서 생성되며, 무색, 무미, 무취의 난용성기체로 질식성이 있다. 일산화탄소는 헤모글로빈과 친화력이 산소보다 약 250배 정도 강하여 사람이 일산화탄소를 마시게 되면 혈액 속의 헤모글로빈이 일산화탄소와 결합하여 산소운반을 방해하기 때문에 머리가 아프고 구토를 하게 되며 심하면 목숨을 잃게 된다. 최근에는 난방시설이 발전하여 연탄가스로 인한 일산화탄소 가스 중독 사고는 거의 찾아볼 수 없고 주로 자동차 배기가스가 가장 큰 발생원이 되고 있다.

- 휘발성 유기화합물(VOCs, Volatile Organic Compounds)

휘발성 유기화합물은 석유, 알코올, 기타 유기산 등의 불완전 연소로 생기는 각종 미연소물질로서 쉽게 증발되는 액체 또는 기체상 유기화합물이다. VOCs는 대기 중에서 질소산화물과 공존하면 햇빛의 작용으로 광화학반응을 일으켜 오존 및 PAN(Peroxy Acetyl Nitrate)과 같은 광화학 산화성 물질을 생성시켜 광화학스모그를 유발하는 물질이다. 도장산업의 배출량이 46%로 가장 많고, 자동차 등의 교통수단이 35%, 그 외 주유소, 인쇄소, 세탁소 등에서 배출되고 있다.

- 옥시던트(Oxidant)

옥시던트는 광화학반응에 의해 생성되는 2차 오염물질로 O_3, PAN, PBN 등의 광화학적 산화제를 말한다. 오존(O_3)은 무색, 무미, 해초 냄새의 기체로 산화력이 강하고, 여러 가지 물질을 탈색시키는 성질이 있어 상업적으로 유기화합물의 표백제로 사용된다. 강한 살균제로서 불쾌한 냄새와 향을 제거할 뿐만 아니라 음료수를 살균하는 데도 사용된다. 오존은 눈 및 호흡기 점막에 강한 자극을 주며, 대기오염이 심하고 바람이 없으며 일사량이 강한 날의 한낮에

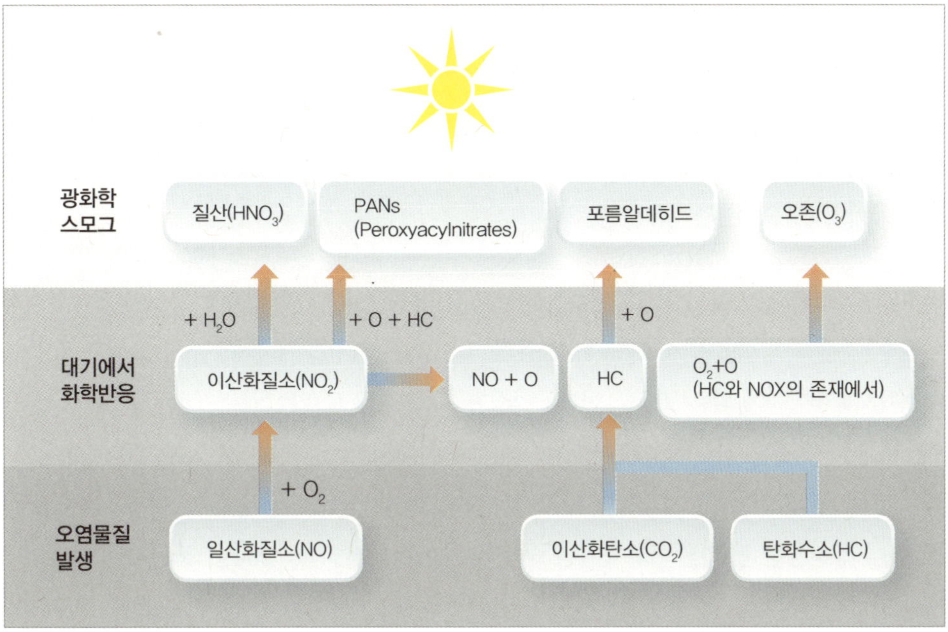

그림 8-2. 광화학스모그에 의한 옥시던트의 생성 과정.

높은 농도를 나타낸다. PAN은 무색, 무미의 액체로서 강산화제이며, 호흡기 점막에 강한 자극을 주며, 특히 눈에 통증을 유발하는 자극성을 갖고 있다.

광화학스모그는 질소산화물이나 탄화수소가 햇빛에 포함된 자외선의 영향으로 화학반응을 일으켜서 생성되는 유해한 산화물질(oxidant)이 대기 중에 안개같이 머무르는 식으로 형성된다. 자외선이 광화학스모그 발생에 영향을 주기 때문에 빛이 강한 날에 잘 발생하며, 또한 대기 중에 머물러야 하기 때문에 바람이 약한 날에도 잘 발생한다.

표 8-2. 가스상 오염물질의 발생원과 피해

항목	발생원	피해
이산화황(SO2)	석유, 석탄의 연소과정	• 호흡기 질환 • 식물의 성장피해
이산화질소(NO2)	NO의 산화과정, 자동차 배기가스, 질산을 사용하는 표면처리 공정	• 코와 인후기 자극 • 호흡기에 악영향 • HC와 광화학스모그 발생
오존(O3)	자동차 배기가스 중 이산화질소와 탄화수소의 광화학반응으로 생성	• 눈 자극, 농작물 피해
일산화탄소(CO)	연료의 불완전 연소	• 혈중 헤모글로빈과 결합 산소전달 방해
탄화수소(HC)	휘발유나 경유의 불완전 연소	• 이산화질소와 광화학반응으로 광화학스모그 발생

4. 광화학스모그

광화학 스모그란?

광화학 스모그는 대기 중의 질소산화물과 휘발성 유기 화합물(VOC) 또는 탄화수소화합물이 햇빛의 강한 자외선을 받아 광화학 반응을 일으키는 과정을 통해 생물에 유해한 광화학산화물이 만들어져서 형성되는 스모그이다. 이러한 유형의 스모그는 주로 짙은 갈색 안개로 나타나며, 비교적 따뜻한 기후에 인구밀도가 높은 도시에서 가장 흔하게 볼 수 있다. 미국 로스앤젤레스에서 최초로 발생하여 LA형 스모그라고도 한다. 석탄에서 발생한 대기오염물질(SO_2)과 안개가 섞여 형성된 런던형 스모그와는 구별되며, 선진국형 스모그라고 불린다.

광화학스모그의 발생원인

광화학스모그는 자동차나 공장의 배출가스에 포함된 질소산화물(NOx)과 탄화수소(HC)가 태양광선을 받아 유독물질인 광화학옥시던트(PAN; peroxyacetyl nitrate, 오존; O_3)가 형성되어 공기 중에 떠다니며 수증기와 함께 짙은 안개를 형성한다. 광화학스모그는 빛(자외선) 때문에 일어나는 화학반응이므로 일사량이 많고 고온이면서 바람이 약한 날 주로 발생한다. 상승기류가 적어야 하므로 역전층이 있을 때 주로 발생하는데, 서울의 경우 5, 8월에 잘 나타난다. 특히 한반도가 저기압 전면에 있고 남서쪽에서 기류가 유입될 때 이와 유사한 선진국형 광화학 스모그가 관찰된다.

5. 황사현상

황사의 정의

황사는 주로 중국 북부의 건조한 황토(黃土)지대에서 먼지와 같은 세립질의 모래나 점토가 강

그림 8-3. 황사현상.

한 바람에 의하여 고공으로 넓게 퍼져 온 하늘을 덮고 떠다니다가 상층의 편서풍에 의해서 한반도 부근까지 운반되어 서서히 하강하는 현상이다.

황사는 중국(타클라마칸 사막, 황화강 유역) 및 몽고(고비 사막)의 황토 지역에서 발생한 흙먼지가 바람에 떠다니거나, 낙하하여 시정장애를 일으킨다. 우리나라에서 황사에 대한 최초 기록은 신라 8대 아달라왕(174년) 때 사용한 土雨라는 표현이며, "황사"라는 용어는 1954년 기상청에서 사용하였다. 중국은 Sand storm, 일본은 Kosa(高沙, 상승먼지)라는 용어를 사용한다.

황사현상 발생

우리나라의 황산현상은 3월~5월 봄에 집중적으로 발생하는데, 중국 서부와 고비 사막에서 2~50μm의 미세한 흙먼지가 편서풍을 타고 온 것이다. 이 흙먼지는 일본을 거쳐 하와이까지 도달하기도 한다. 황사의 역사는 오래되었으나 최근에는 지구온난화와 사막화 등으로 인해 발원지가 점차 확대되고 있다.

발원지에서 배출되는 황사량을 100%라 볼 때, 30%는 발원지 부근에 재침적되며 20%는 주변 지역으로 수송되고, 나머지 50%가 장거리 이동을 하는 것으로 알려져 있다. 황사현상의 원인은 황사의 발원지인 유라시아 대륙의 중심지가 바다에서 멀리 떨어져 있어 매우 건조하고, 강수량이 적은 데다, 겨울에 얼었던 메마른 토양이 녹으면서 부서지기 쉬운 모래 먼지가 많이 생기기 때문이다. 또한 중국의 급속한 산업화 및 산림개발로 인해 토양유실 및 사막화가 급속히 진행되는 것도 황사현상의 원인이다.

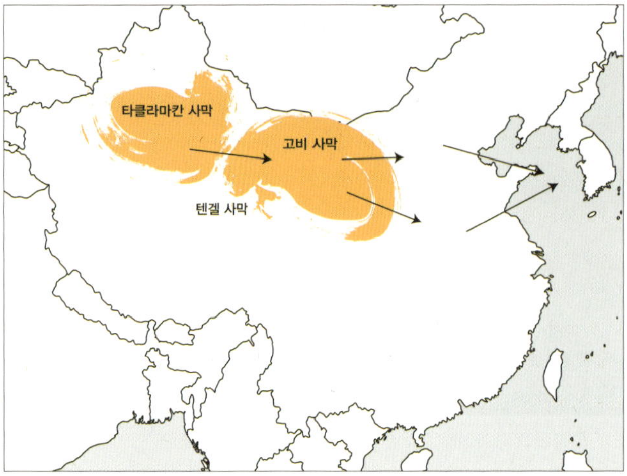

그림 8-4. 황사의 발원지.

발원지에서 우리나라까지 황사가 이동하는 시간 및 이동고도는 상층기류의 속도에 따라 다르나, 타클라마칸 사막에서 황사가 발생할 경우 4~8일 사이에 우리나라에 도달하며, 고비 사막에서 발생할 경우 3~5일 사이에, 황화강 황토지대에서 황사가 발생할 경우 2~4일 사이에 우리나라에 도착하는 것으로 보고되고 있다.

최근에는 중국 공단 지역에서 발생하는 수은, 납, 카드뮴, 알루미늄 등과 같은 각종 금속 오염물질들이 먼저와 함께 운반되고 있어 황사는 단순한 흙먼지가 아니라 각종 오염물질 덩어리라 할 수 있다.

황사현상의 피해

황사는 안질, 호흡기 질환, 기관지염, 천식, 알레르기성 비염, 피부병 등 각종 질병을 일으킨다. 식물 잎의 기공을 막아 성장을 저해하여 농작물 발달에 지장을 초래한다. 또한 황사는 10μm 이하인 입자들로 구성되어 햇빛을 산란, 흡수하여 뿌옇게 보이게 하여 시계를 방해하고 미세먼지는 정밀기기의 오작동을 유발하며 햇빛을 차단하여 식물의 광합성을 저해한다.

6. 미세먼지

미세먼지의 정의

최근 몇 년 사이 미세먼지에 대한 관심이 급격히 증가하는 추세이다. 미세먼지는 황사와 비슷해 보이지만 황사와는 발생원인이 다른 물질로 우리 눈에는 잘 보이지 않는 직경 10㎛ 이하의 아주 작은 물질이다. 이 미세먼지는 주로 석탄, 석유 등의 화석연료가 연소될 때 또는 자동차 매연 등의 배출가스에서 나오며, 폐에 흡착되어 심각한 여러 폐 질환을 유발한다. 먼지는 그 크기에 따라 분류되는데, 지름이 10㎛ 이하인 미세먼지, 지름이 2.5㎛ 이하인 초미세먼지로 나눌 수 있다. 이 중 지름 2.5㎛ 이하의 초미세먼지는 미세먼지보다 더욱 작아 폐 깊은 곳까지 침투할 수 있어 각종 기관지염이나 폐 질환을 유발한다.

미세먼지의 발생원인

미세먼지는 화석연료가 연소될 때, 제조업으로 인한 배출가스 또는 자동차 배기가스 등에서 나온다. 미세먼지 발생원인은 크게 1차 배출과 2차 배출 두 가지로 분류할 수 있다. 1차 배출은 공장, 발전소, 자동차 매연 등에서 직접적으로 배출되는 것이고, 2차 배출은 질산화물질과 이산화황이 대기 중에서 화학반응을 일으켜 발생하는 경우이다. 이 중 가장 큰 원인은 바로 비교적 가격이 저렴하고, 전력 공급도 안정적이며 가동 준비와 중단에도 오랜 시간이 걸리지 않아 많은 기업들이 선호해 온 '석탄 화력발전소'이다. 화력발전소와 더불어 최근 화제가 되고 있는 미세먼지의 두 번째 주요 원인은 '경유 차량(디젤 차량)'이다. 경유는 휘발유보다 높은 온도에서 끓는다. 따라서 같은 양의 휘발유와 비교했을 때 더 큰 힘을 낼 수 있어 연비가 좋다며 많은 사람들이 경유차를 애용하고 있다. 그러나 경유는 높은 온도에서 끓는 만큼 탄소의 개수가 휘발유보다 훨씬 많다. 때문에 더 많은 양의 질소산화물이 발생할 수밖에 없고, 배출된 질소산화물은 대기 중의 여러 화학물질과 반응하며 미세먼지를 발생시키는 주범이 된다. 다시 말하면 휘발유 차량보다 디젤 차량이 훨씬 미세먼지에 악영향을 끼친다는 것이다. 특히 에어컨을 가동하거나 공회전을 할 경우 미세먼지 배출은 더욱 심각해진다. 이에 따라 세계보건기구(WHO)에서는 이미 2012년, 2013년 디젤차 매연을 1급 발암물질로 지정한 바 있다. 더불어 최근 환경부의 조사 결과에 따르면 디젤 차량이 실외 도로주행에서 기준치 대비 최대 20배에 달하는 질소산화물을 배출하는 것으로 밝혀졌다.

황사와 미세먼지의 차이

황사와 미세먼지를 오해하는 사람들이 더러 있는데 황사와 미세먼지는 구성 물질 자체가 다르다. 황사는 사막화 현상이 심화되면서 자연스레 발생한 모래먼지인 반면, 미세먼지는 인위적

황사	미세먼지
산둥성, 텐진, 고비 사막, 황토고원 등 중국의 건조 지역에서 발생한 모래바람이 우리나라로 건너오는 것. 마그네슘, 철분 등으로 이루어져 있다.	눈으로 식별하기 힘든 가늘고 작은 먼지로 황사처럼 중국에서 건너오는 것. 자연 발생이 아닌 도시에서 발생한 것으로 중금속과 각종 화학 물질이 포함되어 있다.

그림 8-5. 황사와 미세먼지의 차이.

으로 발생한 대기오염물질이다. 다시 말해 황사는 중국의 건조 지역에서 발생한 모래먼지들이 편서풍을 타고 우리나라로 유입된 것으로 칼륨과 철분, 알루미늄, 마그네슘 등을 포함하고 있는 일종의 흙먼지이다. 그러나 미세먼지는 제조업이나 자동차 배출가스 등 화석연료의 연소 작용으로 인해 발생한 물질로서 황산염, 질산염, 암모니아 등의 이온성분과 금속화합물, 탄소화합물 등 유해물질을 포함하고 있다.

미세먼지의 위험성

미세먼지는 지름이 2.5㎛보다 크며 10㎛보다 작은 대기 중의 입자를 말한다. 이들은 크기가 매우 작아 코와 기도를 통해 폐와 혈관에 유입될 수 있고, 따라서 호흡기 및 심혈관계 질환을 유발한다. 미세먼지에 노출되게 되면 이에 따른 각종 증상들이 나타나게 되는데, 우선 급성 노출 시에는 기침과 호흡곤란, 부정맥 등이 발생하며, 이미 천식이 있는 사람이라면 천식이 악화될 수도 있다. 그리고 오랜 기간 미세먼지에 노출될 경우에는 폐 기능이 약화되고 만성 기관지염이 증가한다. 이러한 증상들은 주로 미세먼지에 의해 기관지에 염증 반응이 유발됨으로써 발생한다. 또한 기도와 폐에서 박테리아를 불활성화하거나 제거하는 인체의 방어 작용을 방해함으로써 호흡기계 감염을 초래하게 한다.

아무리 건강한 성인이라고 해도 높은 농도의 미세먼지에 오래 노출될 경우 일시적으로 증상들을 경험할 수 있지만, 만성 질환이 있는 환자, 어린이나 노약자, 가임기의 여성은 미세먼지에 더욱 더 주의를 기울여야 한다. 일리노이 지역의 연구 결과에 의하면 만성적인 폐 질환이나 심장 질환을 앓고 있는 환자는 미세먼지 농도가 $10\mu g/m^2$ 증가할 때 심근경색이 있었던 사람은 2.7배, 당뇨병을 가진 사람은 2.0배 사망률이 증가하는 것으로 조사되었다. 우리나라에서 시행한 연구 결과에서도 비슷한 결과가 도출되었는데 심부전 환자의 사망 위험이 약 2.5배 정도 높아진다고 한다. 두 번째로 어린이의 경우 폐 기능이 발달하는 시기에 호흡기가 미세먼지에 노출되면 성인이 되어서도 폐 기능에 영향을 준다고 한다. 미국 캘리포니아 지역의 학생들을 추적 관찰한 결과 미세먼지와 같은 오염물질에 장기간 노출된 어린이는 성인이 되었을 때 폐 기능이 낮을 가능성이 4.9배나 높다는 연구 결과가 나왔다. 또한 이런 폐 기능 저하는 심혈관계 질환과 당뇨병의 발생 위험을 증가시키는 것으로 알려져 있어 더욱 위험하다. 마지막으로 가임기 여성의 경우 미세먼지에 오래 노출될 경우 저체중아, 미숙아, 조산아 등을 낳을 우려가 있다.

미세먼지 예방법

대처방법

- 되도록 창문 열지 않고 차단하기
- 외출 시 모자, 안경, 마스크 착용하기
- 하루 8잔 이상 수시로 물 마시기
- 손 씻기, 세안, 양치 꼼꼼히 하기
- 중금속 배출해주는 미역, 과일, 채소 섭취하기

그림 8-6. 미세먼지에 의한 피해 예방법.

미세먼지를 완전히 차단하려면 정책적, 외교적 노력이 필요하다. 그러나 개인이 당장 실천할 수 있는 방안들도 있다. 우선 미세먼지의 농도가 높은 날에는 가급적 외출을 자제하고 실외 활동을 삼가는 편이 좋다. 불가피하게 외출을 할 경우 황사 마스크 등을 착용하고 긴소매의 옷을 입어 노출을 최소화해야 하며, 외출에서 돌아와서는 코와 손을 잘 씻어야 한다. 아무래도 마스크를 착용하는 것이 제일 바람직하고 효과적인 행동이다. 창문을 열어 두면 외부에서 유입된 미세먼지로 실내의 미세먼지 농도가 증가하기 때문에 창문은 꼭 닫아야 한다. 실내에 에어필터나 공기청정기를 설치하는 것도 미세먼지를 차단하는 데 도움이 된다. 또한 수분이 부족할 경우 호흡기의 점막이 건조해져 미세먼지의 침투를 더욱 쉽게 만들기 때문에 하루 8잔 이상의 물과 과일, 채소, 미역 등을 섭취하는 것이 좋다. 녹차 역시 미세먼지 배출에 도움이 된다고 한다.

제 9 장

지구 환경 문제

1. 기후변화와 탄소중립

우리나라는 지난 109년간(1912~2020) 평균기온이 1.8℃ 상승하여, 전체 지구의 평균기온 상승 수치(0.85℃)에 비해 2배 이상 빠른 속도로 온난화가 진행 중이다. 유엔재난위험경감사무국(UNDRR)의 자료에 따르면, 이러한 기후변화로 인한 경제적 손실은 10년간(2011~2020) 약 4조 4,193억 원에 이르고, 전 세계적인 기상이변으로 인한 재해의 경제적 손실은 연간 2조 9,700억 달러에 이른다고 한다.

이러한 기후변화로 인해 IPCC(기후변화에 관한 정부간 패널)는 2015년에 온도상승 목표를 산업화 이전 대비 2℃보다 훨씬 아래로 유지하기 위한 파리협정을 채택했으며, 2018년에는 온도가 2℃ 상승할 경우 빈곤에 취약한 인구가 수억 명 줄어들고, 물 부족에 노출될 것으로 전망하여, 전 지구적으로 2050년에 탄소순배출(배출량–흡수량)이 0이 되는 'Net–Zero' 사회로의 전환 필요성 등을 언급한 1.5℃ 특별보고서를 채택했다. 또한 국제사회는 2015년 파리협정에 따라 2020년까지 전 세계 회원국에게 감축 실행력을 전제로 이행 의무가 있는 '국가 온실가스 감축 목표(NDC)'와 이행에 대한 법적의무는 없으나 기후 대응의 정치적 의지를 결집하는 '장기 저탄소 발전 전략(LEDS)'을 유엔에 제출하기로 합의했다.

이에 따라 세계 각국은 2020년까지 'NDC'를 제출했고, 기후변화 대응 의지를 확고히 하기 위해 2017년 스웨덴을 시작으로 2019년 영국, 프랑스, EU 등의 탄소중립 선언에 이어 2020년도에는 우리의 주요 수출 경쟁국인 중국과 일본도 탄소중립을 선언했다.

이어서 미국이 파리협정에 재가입하는 등 우리나라(2020년 10월)를 포함하여 총 26개국이 탄소중립을 공식 선언했고(2021년 3월), 공식선언과 별개로 2050 탄소중립을 목표로 한 '기후 목표 연합'에 가입한 국가는 120개국에 달하여, '탄소중립'은 국가 경쟁력을 위해서라도 선택이 아니라 필수 과제가 되었다.

2. 탄소중립 실현을 위한 노력

탄소중립을 실현하기 위해서는 탄소의 배출량을 줄이고 탄소 흡수원을 확대하여 이산화탄소의 순 배출량을 제로로 해야 한다. 이산화탄소 배출량은 줄이고, 흡수량은 늘리기 위하여 에너지 소비를 최대한 줄이면서 기존의 화석연료를 재생에너지로 전환해야 한다. 그리고 배출된 이산화탄소는 자연의 식물을 통해 흡수하거나 기술적으로 제거해야 한다. 또한 온실가스인 메테인 가스의 배출량을 줄이기 위해서는 폐기물과 폐수처리 시설을 확충하고 농·축산업 방식을 친환경적으로 개선해 나가야 한다.

에너지 소비 줄이기

에너지의 소비를 줄이기 위해서는 수요 관리 정책, 즉 에너지 가격이 높을수록 소비량이 줄어들게끔 하여 에너지를 줄인 만큼 이익을 되돌려 주는 가격정책이 효과적일 수 있다. 에너지 가격 정책으로 탄소 가격제가 있다. 탄소 가격제는 온실가스로 인해 사회적 피해 손실 비용을 에너지 가격에 포함하는 정책으로 배출권거래제와 탄소세가 대표적이다. 우리나라는 2015년부터 총량 제한 배출권거래제를 시행하고 있다. 일정 규모 이상의 온실가스를 배출하는 업체에 대해 특정 기간 배출할 수 있는 허용량을 설정하고 배출량을 허용량 이내로 줄이도록 규제한다. 허용량 이상으로 배출할 경우 부족한 배출권을 배출권 시장에서 구매하며, 반대로 허용량 이내로 온실가스를 배출하는 업체는 잉여 배출권을 시장에 판매하여 수익을 얻을 수 있다.

에너지 소비를 줄이는 또 다른 정책은 에너지 이용 기기의 효율을 규제하는 것이다. 기기의 최저효율을 정하거나 효율 등급을 부여하여 소비자에게 에너지 효율이 높은 제품을 구매하도록 유도한다.

재생에너지 확대

탄소중립으로 지구온난화를 해결하기 위해 화석연료 사용을 중단하고 태양광, 풍력, 수력, 조력 등과 같은 재생에너지로 에너지를 공급하고 에너지 이용 형태의 전력화가 필수적이다. 예를 들어 도시가스로 난방을 하면 이산화탄소의 배출이 불가피 하나 재생에너지로 생산된 전기로 난방을 할 경우 온실가스가 배출되지 않는다. 특히 자동차 내연기관은 전기차에 비해 에너지 효율이 매우 낮기 때문에 전력화 자체가 에너지 사용량을 직접 줄일 수 있다.

고(高)탄소 산업에너지 전환

철강, 석유화학, 시멘트 산업은 온실가스 배출량의 30% 이상을 배출한다. 이들 업종은 석유나 석탄을 에너지가 아닌 원료로 이용하거나 공정에서 온실가스를 배출한다. 이런 산업에서는 탄소배출 줄이기를 위해 탄소 포집·저장·활용(CCUS)를 통해 사후 처리하거나 원료 자체를 대체하여야 한다.

탄소흡수 및 제거

식물은 광합성을 통해 이산화탄소를 흡수하는데 이는 현재 개발된 어떤 기술보다 친환경적이고 비용 대비 제거 효과가 높다. 산림의 노령화 및 도시화에 따른 탄소 흡수량의 감소 속도를 늦추기 위하여 도시 숲, 훼손 녹지 복원, 신규조림 등을 통해 탄소 흡수원을 확대하고, 수종갱신, 숲 가꾸기 등 산림의 탄소 흡수 능력을 최대화하는 노력이 필요하다.

온실가스 배출량을 중립으로 만들기 위해서는 흡수원 이외에도 마이너스 배출 기술이 필요하다. 이미 배출된 탄소를 제거하기 위한 기술로는 공장 굴뚝에서 배출되는 이산화탄소를 포집하여 저장하거나 이용하는 CCUS(Carbon Capture, Utilization and Storage) 기술과 대기 중의 이산화탄소를 포집하여 저장하거나 이용하는 DAC(Direct Air Capture) 기술이 있다. 이 기술은 아직 초기 단계에 있고 비용이 매우 높지만 다른 감축이 어려울 경우를 대비해 연구개발이 진행 중이다.

일상 속 실천 방안

탄소중립 실현하기 위해서는 무엇보다 일상생활 속에서 탄소배출을 줄이는 각 개인의 실천 노력이 절실하게 필요하다. 집, 사무실, 학교, 그리고 여행이나 이동 중에 탄소배출을 줄이는 실천 방안을 알아보았다.

집에서 실천하는 방안으로는 에너지 절약을 위해 사용하지 않는 전등 끄기, 샤워시간 최대한 줄이고 양치 컵 사용하기, 추운 겨울 실내에서 내의를 착용하고 난방 온도 낮추기, 쓰레기 분리배출하기 등이 있다.

여행이나 이동할 때 할 수 있는 실천 방안으로는 가까운 거리는 걸어가거나 자전거 이용하기, 승용차보다는 전철, 버스 등 대중교통 이용하기, 다회용기나 텀블러 사용하기, 장을 보러 갈 때 장바구니 챙기기 등이 있다.

3. 지구온난화

온실효과(Greenhouse Effect)

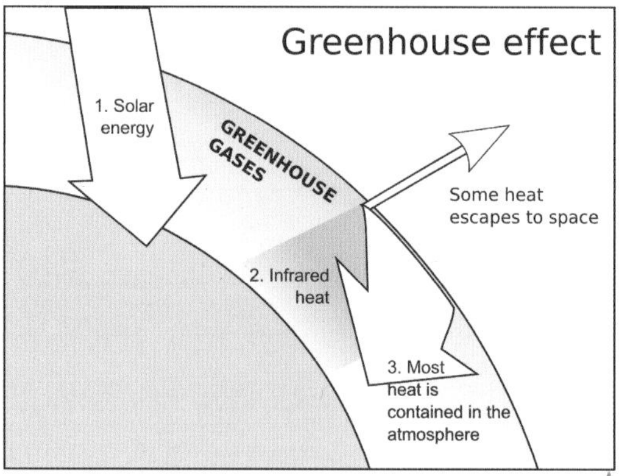

그림 9-1. 온실효과.

온실효과란 지구의 대기가 온실의 유리창이나 비닐하우스처럼 온실가스에 의해 태양 복사에너지를 흡수하여 기온이 따뜻하게 유지되는 것을 말한다. 대기권 내에서 온실가스들은 태양으로부터 오는 단파 복사에너지는 쉽게 투과시키지만 지표에서 방출되는 장파 복사에너지는 투과시키지 못하고 흡수하여 지구의 온도를 보존해 주는 역할을 한다. 만일 온실효과가 없다면 지구의 평균기온은 영하 15℃로 떨어져 인류가 살아가기 힘든 환경이 될 것이다. 이처럼 자연적인 온실효과는 생명을 유지시켜 주지만, 산업혁명 이후 농업 및 산업활동이 활발해지면서 온실가스가 증가하여 지구 평균기온이 높아지게 되는 지구온난화 현상이 나타났다.

온실가스

온실가스는 지표에서 복사되는 에너지를 일부 흡수함으로써 온실효과를 일으키는 기체이며, 이산화탄소(CO_2), 메탄(CH4), 아산화질소(N_2O), 수화불화탄소(HFCs), 과불화탄소(PFCs), 불화유황(SF_6) 등 6가지가 있다. 모두 화석연료의 과도한 사용으로 인해 인위적으로 발생되는 기체들이다.

이산화탄소는 화석연료 연소 시 주로 발생하며, 인위적으로 배출되는 전체 온실가스 양의 약 60%를 차지할 만큼 지구온난화의 첫 번째 요인이다. 메탄가스는 전체 온실가스 양의 약 15~20%를 차지하며, 습지에 자연적으로 존재하고 가축사육 등의 인간 활동으로 배출되거나 토양의 자연작용이나 대기에서의 반응으로 생성된다. 아산화질소는 6% 정도 지구온난화에 영향을 끼치고 있고, 과다한 화학비료 사용으로 발생하는데, 일부는 산업 공정이나 사바나 화재, 벌목 및 폐수·폐기물 소각 과정에서도 발생한다. 수소불화탄소와 과불화탄소는 24% 정도 영향을 끼치고 있으며 주로 산업 공정에서 발생하고 있다.

지구온난화 영향

▶ 해수면 상승

이산화탄소를 포함한 온실가스의 방출이 계속 증가하여 온실효과 증대로 지구의 평균기온이 상승하면 극지방이나 고산의 빙상이 녹아 바다로 흘러 들어가고 수온의 상승으로 해양수의 부피가 팽창하게 되며, 결국 해수면이 상승하게 된다. 해수면은 과거 100년 동안의 변화를 볼 때 1년에 평균 1~1.5mm 해수면이 상승하고 있고, 최근 50년간에는 1년에 2.4mm로 가속화되었다고 한다. IPCC의 최종보고서에 따르면 온실가스의 배출량 규제가 진행되지 않을 경우, 해수면은 2030년에 20cm, 2100년에 90cm까지 상승할 것이라고 예측하고 있다. 해수면이 1m 상승할 경우 침수되는 육지 면적은 전체 육지 면적의 약 3%가 될 것으로 추정하고 있다. 이로 인해 연안 지역이 침수되기 때문에 육지 면적이 줄어들 뿐만 아니라 논이나 양어장 등에 큰 피해를 줄 것으로 예상된다.

▶ 기후의 변화

지구온난화에 의한 기후 변화로 고위도 지방은 전보다 겨울에 더욱 따뜻해지며 여름은 더욱 더워지고, 적도 지방에서는 온난화가 심하게 나타나지 않으며 계절의 변화도 적고 중위도 지방에서는 겨울 강수량의 증가가 예상되나 아열대 건조대의 강수 변화는 크지 않을 것이다. 따라서 기후의 변화로 건조한 지역은 더욱 건조해져 토양 속의 수분이 소실되어 사막화가 촉진되고, 습윤 지역은 더욱 습윤화된다.

지구의 평균 기온이 1°C만 상승해도 지구의 환경은 크게 달라진다. 세계 곳곳에서 가뭄과 홍수, 불볕더위와 한파와 같은 기후 변화를 초래한다. 지구온난화에 따른 기후 변화로 인해 사막화, 물 부족, 곡물 생산량 감소 등 다양한 측면에서 인명·재산 피해가 발생할 것이다.

▶ 생물종의 다양성 상실

100년에 기온이 3℃ 상승할 경우, 연간 10km의 속도로 기후대가 이동하지만 식생이 이동하는 속도는 연간 2km로 추정된다. 따라서 기후에 적응하지 못하는 생물종은 멸종될 우려가 있다. 지구의 온도가 3℃ 상승하면 지구생태계의 생물종이 40~70% 가량 멸종할 가능성이 있다는 UN의 보고가 있다.

▶ 해양생태계 변화

바다 생산량의 90%는 대륙과 해안 사이의 연안 지역이 차지하고 있는데, 지구온난화로 해수면의 수위가 상승하여 연안부의 육지가 수몰되면 인간 생활에 막대한 영향을 미치게 될 것이다. 또한 어류의 경우 2℃의 수온 상승은 이들의 분포, 성장, 번식, 회유 등에 커다란 영향을 줄 수 있다. 해수의 수온 상승으로 열대와 아열대의 얕은 바다에 있는 산호초가 마치 표백된 것처럼 하얗게 되어 죽는 현상이 일어나고 있으며, 또한 물속의 용존산소량이 감소하여 많은 어패류들이 생존하기 힘들게 된다.

4. 오존층 파괴

오존층의 구성과 역할

지구를 둘러싼 대기권은 높이에 따라 기온의 변화를 기준으로 대류권(0~10km), 성층권(10~50km), 중간권(50~80km) 및 열권(80km 이상)으로 나뉜다. 오존은 대류권(12km 이내)에 전체 오존량의 10%가 존재하고 성층권(12~50km)에 오존량의 90%가 존재한다. 대류권에 존재하는 오존은 인체나 지구생태계에 악영향을 미칠 수 있기 때문에 적을수록 좋다. 그러나 성층권에 분포한 오존은 지구의 자연생태계에서 없어서는 안 되는 중요한 역할을 한다. 첫째, 오존층은 태양에서 복사되는 태양빛 속의 자외선을 차단하는 역할을 한다. 자외선의 99%를 오존층에서 차단하므로 동식물이 살아가는 데 지장이 없다. 그러나 성층권의 오존 농도가 1%만 감소하여도 해로운 자외선의 일부가 지구에 도달하게 되어 피부암 환자가 3% 증가하고 백내장 환자도 0.3% 이상 증가하게 된다. 두 번째, 오존층은 지구의 온도를 조절해 주는 중요한 역할을 한다. 이산화탄소나 다른 온실가스와 마찬가지로 오존도 온실가스 중의 하나이다.

성층권에서 오존층 파괴

성층권에서 오존층은 오존의 생성과 분해 과정이 균형을 이루고 있어 오존의 양과 농도가 일정하게 유지된다. 성층권에서 태양복사선 중 자외선이 산소분자에 흡수되어 산소분자는 두 개의 산소원자로 쪼개지고 이 원자는 즉시 다른 산소분자와 결합하여 오존분자를 형성한다. 이렇게 형성된 오존분자는 자외선(UV-B)을 흡수하고 다시 분해되어 한 개의 산소분자와 한 개의 산소원자로 쪼개진다.

- 오존의 생성

$$O_2 \xrightarrow[180\sim24nm]{UV} O + O$$

$$O_2 + O \longrightarrow O_3$$

- 오존의 분해

$$O_3 \xrightarrow[200\sim320nm]{UV} O_2 + O$$

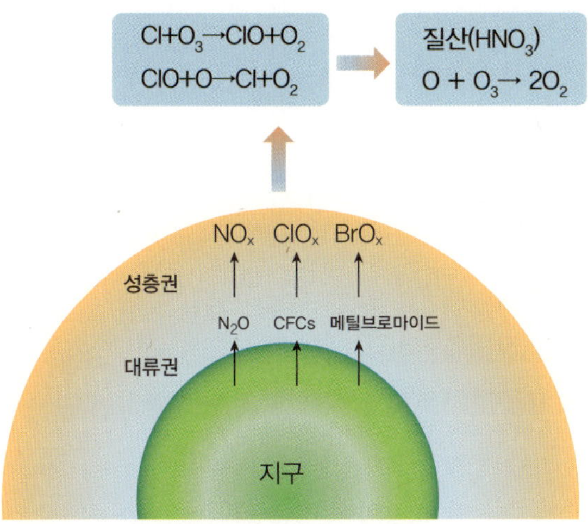

그림 9-2. CFCs, N_2O, 메틸브로마이드 등에 의한 오존층 파괴.

오존층 파괴 물질 및 파괴 메커니즘

i)	CF2Cl2 + 에너지(uv자외선))	$\xrightarrow{\text{232nm 이하}}$	$CF_2Cl_2\bullet + Cl\bullet$
ii)	$Cl\bullet + O_3$	$\longrightarrow$	$ClO\bullet + O_2$
iii)	$\bullet ClO + O$	$\longrightarrow$	$Cl\bullet + O_2$

성층권의 오존층을 파괴시키는 물질로는 사염화탄소(CCl_4), 염화불화탄소(CFCs, 프레온), 일산화질소(NO), 할론가스(Halon, 염화브롬화탄소) 등이 있다. 여기서 가장 문제가 되고 있는 것은 CFCs로서 염소, 불소, 탄소를 인위적으로 결합하여 만든 화합물의 총칭이다. 이것은 냄새도 없고 독성도 없으며, 불에 타지도 않고 화학적으로 매우 안정된 물질로서 스프레이의 분사제, 냉장고나 냉각기의 냉매, 반도체의 세정제 등으로 폭넓게 사용되는 물질이다. CFCs는 매우 안정하기 때문에 대류권에서 분해되지 않고 성층권까지 이동하여 자외선에 의해 분해되어 오존층 파괴의 촉매로 작용하는 염소원자를 방출한다. 방출된 하나의 염소원자는 약 10만 개의 오존을 파괴할 수 있다.

할론가스는 프레온가스와 비슷한 물질로서 프레온의 염소 대신 브롬원자가 결합되어 있다. 브롬원자가 방출되면 염소원자보다도 오존층 파괴능력이 더욱 커지므로 규제 대상이 되고 있다. 할론가스는 불연성이여서 소화기용의 소화제로 많이 이용되고 있다.

지상에서 방출된 프레온가스가 성층권에 도달하면 자외선에 의해 분해되어 염소원자를 방출하고 생성된 염소원자는 오존과 반응하여 오존을 파괴한다. 이때 생성된 일산화염소(ClO)는 산소원자와 반응하여 다시 염소원자를 만들고 생성된 염소원자는 다시 오존과 반응하여 계속적으로 오존층을 파괴하게 된다.

오존홀

1970년 후반 이후 남극의 영국 과학자들은 남극 성층권의 오존층을 정기적으로 관측한 결과 남극의 오존층이 계속 파괴되고 있음을 확인하였다. 특히 남극의 오존층이 심하게 파괴되고 있는 것은 겨울에서 이른 봄까지 남극대륙을 에워싸 주변 공기의 유입을 막는 제트기류의 영향이 크다. 또한 극지의 성층권에는 −80℃ 이하가 되면 미세한 얼음 알갱이로 만들어진 질산 구름이 형성되는데, 성층권까지 상승한 프레온가스의 염소화합물이 질산 구름의 얼음결정 속에 보관되어 있다가 봄에 얼음이 녹으면서 염소가 대기 중으로 방출되어 오존을 파괴시키게 된다. 그러므로 오존홀은 남극의 봄이 시작되는 9~10월에 집중적으로 발생하며, 남극 상공의 온도가 북극보다 낮기 때문에 질산 구름의 형성이 용이해 남극 상공에서 발생하기 쉽다.

오존층 파괴에 따른 영향

오존층이 파괴되면 지표에 도달하는 자외선의 양이 비정상적으로 증가하게 된다. 생명체를 구성하고 있는 유기화합물에 자외선이 닿으면 화학적 변화가 일어나는데, 특히 인체나 동물 세포의 기본인자인 DNA나 핵산과 단백질이 파장 250~280nm의 자외선을 최대로 흡수하여 DNA분자에 결함이 생기면 유전정보를 잘못 전달하게 되어 세포가 돌연변이를 일으키거나 생명력을 잃게 된다. 자외선은 인체 피부에 홍반을 유발시키고 악성 피부홍반은 피부암을 유발하게 하며, 눈에도 치명적인 손상을 가져와 백내장과 같은 안과질환을 유발하기도 한다.

자외선의 증가는 식물의 생장을 저해하여 생산성을 떨어뜨린다. UV-B 자외선은 물속의 상당한 깊이까지 침투할 수 있어 광합성이 가능한 단세포 조류에 특히 위험하며, 영양단계가 높아질수록 그 피해가 더욱 크게 나타나기 때문에 수생 생태계에 악영향을 미치게 된다. 식물의 꽃 개화도 영향을 받아 개화 시기에 변동이 생기면 꽃가루를 운반하는 곤충들도 혼동되어 자연생태계에 큰 변화를 초래하게 된다.

5. 산성비

산성비라는 말은 영국의 화학자 스미스에 의해서 처음으로 사용되었고 1853년 맨체스터에 내리는 비의 pH를 측정한 결과로 발표되었다. 특히 산성비는 계절적으로 다른 pH를 나타내며 산림, 호수, 농작물 등의 자연생태계와 인간과 동물의 생활환경에 영향을 준다. 최근 동북아시아 지역의 급속한 경제성장으로 연료 사용량이 증가하여 극심한 대기오염이 유발되고 있으며, 특히 중국 북동부 지역의 황해 연안에 집중적으로 발생되는 오염물질이 인근에 위치한 한국과 일본에 유입되어 산성비의 원인이 되기도 한다. 이렇듯 산성비는 원인물질의 장거리 이동에 의해 오염물질을 배출하는 지역과 영향을 받는 지역이 달라 주변 국가에까지 피해를 일으키기 때문에 국가 간 외교 분쟁의 소지가 될 수 있다.

산성비의 생성

자연 상태의 빗물은 대기 중에 존재하는 이산화탄소가 빗방울에 녹아 탄산을 형성하여 pH는 5.6 정도가 된다. 그런데 대기 중에 황산화물이나 질소산화물과 같은 오염물질이 녹으면 빗물의 pH는 5.6보다 낮은 산성을 나타낸다. 이와 같이 빗물의 pH가 5.6 미만인 경우를 산성비라고 정의한다. 이 값은 화석연료 연소 시 일차적으로 발생되거나 이차적으로 대기에서 발생되는 산성물질들, 이산화황과 질소산화물의 산화물에 의해 변할 수 있는 빗물의 pH를 비교하기 위한 기준으로 사용된다.

pH는 수소이온(H+) 농도의 음상용대수, 즉 pH = $-\log[H^+]$로 나타낸다. 물은 표준상태(25℃, 1기압)에서 10^{-7}mol/L이고 pH는 7이다. 따라서 pH의 값이 1의 차가 나면 H^+ 농도는 10배 차이가 난다는 것을 알 수 있다. 산성비와 주변의 여러 종류의 수용액들과 pH를 비교하면 아래 그림과 같다.

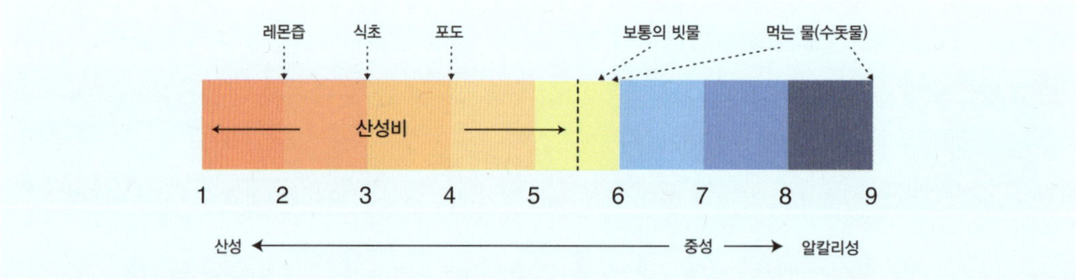

그림 9-3. 산성비의 산도 비교.

산성비의 원인물질은 황산화물(SOx), 질소산화물(NOx), 염화수소(HCl) 등이다. 황산화물은 주로 화석연료 연소 시에 발생하며 85%로 가장 높은 비율을 차지하고, 질소산화물은 자동차의 매연에서 주로 발생하며 8% 정도 차지하고, 염소는 자연발생원이며 비율도 강우의 산도에 크게 영향을 미치지 않는 것으로 알려져 있다.

화석연료인 석탄과 석유 중에는 불순물로서 황(S)이 들어 있다. 이런 황은 연소 시 산소와 반응하여 이산화황이 되며 일부 소량의 삼산화황이 생성된다. 이산화황이 물에 흡수되면 아황산이 되고 삼산화황은 황산이 된다.

$$S + O_2 \rightarrow SO_2$$

$$SO_2 + 1/2O_2 \rightarrow SO_3$$

$$SO_3 + H_2O \rightarrow H_2SO_4$$

질소산화물은 각종 연료의 고온연소 시 주로 발생하는데, 그 이유는 화석연료 연소 시 연소용 공기 중 질소가 고온에서 산화되기 때문이다. 이렇게 생성된 질소산화물을 열적 NOx(thermal NOx)라고 한다. 그리고 화석연료 중에 포함되어 있는 질소화합물도 연소 시 질소산화물을 생성하는데, 이를 연료 NOx(fuel NOx)라고 한다. 이렇게 생성된 질소산화물이 물에 흡수되어 질산을 형성한다.

$$N_2 + O_2 \rightarrow 2NO$$

$$2NO + O_2 \rightarrow 2NO_2$$

$$3NO_2 + H_2O \rightarrow 2HNO_3 + NO$$

산성비의 영향

대기 중의 오염물질은 빗물에 의해 씻기거나 식물과 물질표면에 흡착 또는 대기 상층에서 분해된다. 그 중에서도 빗물에 의한 오염물질의 제거율이 가장 높다. 장기간 비가 오지 않으면 대기오염물질이 극심한 상태에 이르게 된다. 그러나 이러한 오염물질을 제거하는 빗물은 오염물질을 대기에서 식물, 토양, 하천 등으로 이동시켜 생태계에 악영향을 미치게 된다.

산성비는 수중생태계에 영향을 미친다. 하천이나 호수에 산성비가 내리면 물의 pH가 낮아져서 식물성 및 동물성 플랑크톤, 부착조류, 수생식물의 조성이 바뀌고 단순화되며, 호수 밑바닥 토양 속의 유해 중금속이 용출되어 수생 생태계에 영향을 주게 될 것이다. 토양에 산성비가 내리면 토양 중의 칼륨, 칼슘, 마그네슘과 같은 염기가 먼저 유실되고, 염이온 중에서 질산이온, 염소이온이 가장 먼저 유실되어 토양이 척박해지고 생산성이 줄어드는 등 산성화가 촉진된다. 산성비에 의해 식물의 잎 표면에 검은 반점이 생겨 광합성 작용을 방해하게 되므로 엽록소가

그림 9-4. 산성비에 의한 석상의 피해.

그림 9-5. 산성비에 의한 삼림파괴.

탈색되고 잎 조직이 파괴되어 말라죽게 된다. 산성비는 인체에 직접적으로 눈이나 피부를 자극하여 불쾌감이나 통증을 유발하게 된다. 또한 금속이나 대리석으로 만들어진 동상, 기념탑 등의 유적과 각종 구조물을 부식시킨다.

6. 미세플라스틱

플라스틱이란?

플라스틱(plastic)은 고분자 화합물의 일종이며, 고무, 송진, 캐슈 등 천연수지를 흉내 내어 만든 물질로 합성수지라고도 부른다. 플라스틱은 원하는 모양으로 가공할 수 있다는 그리스어 플라스티코스(plasticos)에서 유래했다. 플라스틱으로 된 물체는 돌이나 나무처럼 그 형태가 유지되는 것이 아니라 조건에 따라 물러지거나 딱딱해질 수 있는 물성을 가진다.

플라스틱은 유리, 금속, 나무, 돌과 같은 천연소재에 비해 뛰어난 물성으로 기적의 소재로 알려지면서 현재, 산업과 일상생활에서 광범위하게 사용되고 있다. 인류의 역사를 석기시대, 청동기시대, 철기시대로 구분한다면 현대는 플라스틱 시대라고 할 정도로 플라스틱은 현대문명의 핵심소재로 사용되고 있다. 그러나 플라스틱은 인류문명에 편리함, 안전함, 풍요로움을 제공함과 동시에 난분해성과 유해성으로 사람의 건강과 환경에 나쁜 영향을 끼치고 있다. 이처럼 두 개의 양면성을 가진 플라스틱은 인류 역사상 최악의 발명품으로 여겨지고 있다.

생활 속의 플라스틱

우리 생활 속에 사용되고 있는 플라스틱들은 어떤 물질로 되어있는지 한번 살펴보자. 요금을 계산할 때 사용하는 신용카드는 폴리염화비닐, 일명 PVC로 알려진 물질로 만들어졌고, 커피가 담긴 투명하고 단단한 플라스틱은 폴리에틸렌 테레프탈레이트(PET)라는 물질, 빨대는 폴리프로필렌 물질로 만들어졌다. 일회용 숟가락은 폴리프로필렌이라는 물질, 용기는 폴리스타이렌 물질로 되어 있으며, 음식을 포장하는 종이나 음료를 담는 종이컵 안쪽에는 수분의 흡수를 막기 위해 폴리에틸렌이나 폴레카보네이트 물질로 되어있다. 각종 세제도 화학물질로 되어있

그림 9-6. 생활 속의 플라스틱 폐기물

고 화장품에도 미세한 플라스틱이 존재한다. 그리고 의복과 신발은 폴리에스테르와 폴리우레탄 물질로 만들어졌다.

PVC는 폴리에틸렌과 달리 염소가 존재하는데, 염소물질은 강한 반응성이 있다. 음식을 포장하는 랩에도 포함되어 있으니 전자레인지에 넣어 장시간 사용하거나 뜨거운 음식을 포장할 때는 주의가 필요하다. PVC의 가소제로 사용되는 프탈레이트는 간과 신장에 손장을 가져올 뿐만 아니라 인체 세포의 에스트로겐 수용체와 결합하며 호르몬 기능을 교란할 수 있는 환경호르몬 물질로 작용할 수 있다. PVC는 소각 폐기하는 과정에서도 문제가 발생할 수 있는데, 가소제, 안정제, 착색제 등 첨가물 때문에 소각시에 죽음의 물질이라 불리는 다이옥신이 방출된다.

페트(PET)와 스티로폼은 대부분 사람에게 익숙하게 알려진 물질이다. 페트는 화학물질 이름이지만 스티로폼은 상품명인데 물질명처럼 사용되고 있다. 현재 페트는 플라스틱병을 일컫는 일반명사처럼 사용되고 있다. 페트는 빛을 그대로 투과시키는 성질이 있고 유리처럼 투명도가 우수하기 때문에 내용물을 볼 수 있는 음료수병이나 컵으로 많이 사용된다. 페트는 강도는 높지만 열에 약하기 때문에 뜨거운 커피는 차가운 음료와 달리 페트 용기를 사용하지 않고 종이컵을 사용한다. 전자레인지에 넣어 음식물을 데우는 용도로 쓰는 플라스틱은 대부분 열에 강한 폴리프로필렌이 사용된다. 차가운 음료가 담긴 투명한 용기는 페트이고 빨대는 폴리프로필렌이다. 그리고 뜨거운 음료가 담긴 것은 폴리에틸렌이 코팅된 종이컵으로 컵 뚜껑은 폴리스타이렌이라는 소재로 되어 있다.

스티로폼의 원래 물질 이름은 발포 폴리스타이렌이다. 마치 팝콘처럼 폴리스타이렌 뭉치를 부풀려 부피를 키운 제품의 상품명이 스티로폼이다. 가볍고 맛이나 냄새가 없어서 일회용 식품 용기나 제품의 포장재로 흔하게 사용된다. 스타이렌 저분자는 호르몬 물질과 닮아 환경호르몬으로 작용하기 때문에 뜨거운 커피가 담긴 컵 뚜껑의 구멍으로 뜨거운 음료를 마실 때는 주의를 할 필요가 있다.

현재 우리는 매년 2억 8,800만 톤의 플라스틱을 생산한다. 그중 1,300만 톤이 바다로 흘러 들어가고, 바다에 버려진 쓰레기는 분해되는데 수십 년에서 수백 년이 걸린다고 한다. 우유팩은 5년, 비닐봉지는 10년에서 20년이 걸리며, 플라스틱이 코팅된 종이컵은 30년이 걸린다. 플라스틱 빨대는 200년, 페트병은 450년 수준이고, 폴리스타이렌인 스티로폼은 500년이 걸린다. 플라스틱에 의한 해양 오염 문제는 이미 널리 알려진 문제이다. 하지만 대부분의 사람들은 우리가 사는 세계와는 관계가 없는 일처럼 외면하면서, 나 하나 줄인다고 세상이 크게 좋아질 게 없다고 생각한다. 사람들은 아직 태어나지 않은 미래 세대나 아주 멀리 있는 사람들을 위해 자발적으로 행동하고 희생하지 않는다. 왜냐하면 그 행동이 바로 이익이 되지 않기 때문이고, 아직 자신은 안전하다고 생각하기 때문이다. 우리 세대가 이익을 누리고 정작 피해와 책임은 후손이 짊어지라고 한다면 정의롭지 못한 것이 아닐까? 편의를 누릴 권리가 있다면 책임이 따라야 할 것이다.

미세플라스틱(microplastic)이란?

미세플라스틱은 육지나 해양에 배출된 플라스틱 제품이 자외선에 노출되어 열화되거나 분해되는 과정에서 미세하게 부서진 5mm미만의 플라스틱 조각을 말한다. 미세플라스틱은 플라스틱 쓰레기뿐만 아니라 화장품 스크럽이나 세정제, 치약의 연마제, 의약품 등에 사용되는 작은 플라스틱 알갱이인 마이크로비즈(microbeads) 역시 주발생원이 된다.

미세플라스틱은 입자의 크기, 발생량, 지속성 등으로 환경에 많은 문제를 일으키고 있다. 미세플라스틱의 발생원은 다양하며, 현재 미세플라스틱의 오염 문제는 전 세계적인 이슈로 떠 오르면서 해결책을 찾기 위해 많은 노력을 기울이고 있다.

미세 플라스틱의 발생원

- 플라스틱 쓰레기의 미세 조각화

플라스틱은 자연적으로 분해되기 위해서는 500년이라는 긴 시간이 걸리며, 햇빛이나 열에 의한 열화현상 및 기타 환경적인 요인에 의해 서서히 분해된다. 생활폐기물로 발생되는 플라스틱, 비닐 제품들은 폐기되어 바다나 해안으로 유입되고, 오랫동안 해안에 방치되거나 바다에 떠다니면서 서서히 열화현상이 진행된다. 이로 인해 미세 조각화로 작은 파편이 되고 이런 파편들은 미세플라스틱으로 변화된다. 플라스틱은 완전히 분해되지 않고 단지 미세한 조각으로 부서질 뿐이다. 이렇게 형성된 미세플라스틱이 완전히 분해되려면 아주 긴 시간이 걸리고 완전히 분해되기 전에 다양한 형태로 생물들에게 영향을 미친다. 해양 생물들은 바다에 떠다니는 미세플라스틱을 먹이로 오인하여 먹게 되고 체내로 들어온 플라스틱은 몸속에 축적되어 쌓이며, 먹이사슬을 통해 상위 포식자에게 전달되어 생물들의 몸속 플라스틱 농도는 계속 높아지면서 결국에는 우리 인간들에게도 영향을 미치게 된다. 미세플라스틱의 위험성은 환경과 생물에 대해 다양한 부정적인 영향을 미칠 수 있으며, 인간 건강에도 잠재적인 위협이 될 수 있다.

- 마이크로비즈 미세플라스틱

플라스틱을 처음부터 미세플라스틱의 형태로 디자인된 마이크로비즈 제품이 있다. 마이크로비즈는 다양한 용도로 사용되며, 주로 세정력을 향상시키기 위해 화장품, 세안제, 청소제, 스크럽 등에 포함되어 있다. 수백 ㎛정도의 폴리에틸렌 분말이 피지를 제거하는 스크럽(scrub)으로서 세안제에 들어 있는 것이다. 이 폴리에틸렌 분말은 세안시에 씻겨 배수구를 통해 흘러나가 하수처리를 거친 후 바다로 유입되어 해양생태계에 영향을 미치게 된다.

- 합성섬유 조각

섬유는 구성원료에 따라 천연섬유와 인조섬유로 분류되고, 인조섬유 중에서 합성고분자를 원료로 하는 합성섬유가 있다. 합성섬유 중에서 가장 많이 사용되고 있는 섬유는 나일론으로 불리는 폴리아미드섬유, 폴리에스테르섬유, 아크릴섬유 등이다. 이런 합성섬유들은 플라스틱 소재를 사용해서 만든 섬유이기 때문에 이런 소재의 의류를 사용하거나 세탁할 때 작은 섬유 조각들이 발생하게 되고, 이러한 섬유 조각들은 세탁수로 배출되어 미세플라스틱 형태로 환경에 영향을 미치게 된다.

그림 9-7. 미세 플라스틱의 발생과 피해.

- 플라스틱 폐기물의 부적절한 처리

  현대 사회에서 플라스틱 생산과 사용량이 지속적으로 증가하고 있다. 이에 따라 플라스틱 폐기물이 많이 발생하고, 이로 인해 미세플라스틱도 증가하고 있다. 플라스틱 폐기물 중 일부는 재활용되지 않고 쓰레기 처리 시설로 이동하며, 이러한 처리 과정에서 플라스틱이 파편화되고 미세플라스틱이 발생할 수 있다. 일부 플라스틱 폐기물은 바람이나 물 흐름에 의해 환경으로 흩어지게 된다.

미세플라스틱의 영향

- 해양 생태계에 대한 영향

  바닷새와 바다거북 등의 해양 생물들은 플라스틱 쓰레기를 먹이로 오인하여 섭취하고 있다. 대형 플라스틱 쓰레기를 오인 섭취하는 생물의 크기는 크고 한정적이지만 미세플라스틱의 경우는 광범위한 종류의 생물에 의해 오인 섭취된다. 이는 먹이사슬을 통해 전달되며 생물농축이 일어날 수 있다. 작은 크기로 인해 미세플라스틱을 먹이로 오인하여 섭취하게 되면 영양 섭취에 영향을 미치거나 소화기관에 문제를 일으킬 수 있다. 해양생물들에게 미세플라스틱이 영향을 미치면서, 생물 다양성이 감소할 수 있다. 이로 인해 생태계의 균형이 깨지고, 생태계의 기능이 감소할 수 있다.

그림 9-8. 플라스틱에 의한 해양오염

• 인간 건강에 미치는 잠재적 영향

미세플라스틱은 식품 및 음료수에서도 발견될 수 있다. 우리가 일상적으로 섭취하는 식품들에 미세플라스틱이 포함되어 있을 수 있고, 공기 중에 떠다니는 미세플라스틱은 호흡을 통해 인체에 흡입될 수 있다. 이로 인해 폐 기능 저하와 호흡기 질환 등의 건강 문제가 발생할 수 있다. 미세플라스틱이 인체 내부로 흡수되는 정도와 장기적 영향에 대한 연구가 진행 중이지만, 아직 완전히 밝혀진 것은 아니다. 하지만 잠재적으로 미세플라스틱이 인체에 미치는 영향을 주시해야 한다.

• 환경오염 증가

미세플라스틱은 토양에도 누적될 수 있으며, 작물 및 식물에 흡수될 수 있어 농작물의 안전성에 영향을 미칠 수 있다. 미세플라스틱은 강, 호수, 해양 등 여러 물 환경에서 발견되며, 물 환경의 오염을 증가시킨다. 미세플라스틱은 화학 물질과 물질 표면으로부터 오염될 수 있다. 이러한 물질은 미세플라스틱과 결합하여 변화하거나 이러한 물질을 통해 유전체 변이를 유발할 수 있다.

미세플라스틱을 줄이는 방법

일회용 플라스틱 사용을 최대한 줄이고, 스테인리스 스트로우, 다회용 텀블러, 장바구니 등

재사용 가능한 제품들을 사용한다. 제품을 구매할 때는 친환경제품을 선택하여 구매하거나 화장품, 세제, 청소용품 등에 포함된 마이크로비즈 플라스틱이나 미세플라스틱을 포함하지 않은 제품들을 구매한다. 플라스틱은 재활용할 수 있도록 분리배출에 신경을 쓰고 지역적으로 제공되는 재활용 시설을 적극적으로 활용한다. 식당에서 음식을 포장할 때 자신의 재사용 가능한 용기를 제공하여 일회용 플라스틱 사용을 피한다. 세탁 시 합성섬유 재질의 의류를 부드러운 세제와 낮은 속도로 세탁하고 건조하여 섬유질 마찰을 최대한 줄이고, 세탁기에 섬유 필터를 사용하여 세탁 과정에서 섬유 조각들이 물로 배출되는 것을 막는다.

정부는 미세플라스틱을 포함하는 제품에 대한 규제를 강화하고, 대체 가능한 친환경 소재의 개발과 사용을 촉진해야 한다. 그리고 미세플라스틱의 위험성과 문제점에 대한 인식을 확대하기 위해 환경 교육 및 홍보 캠페인을 지속적으로 실시한다. 기업들은 미세플라스틱 사용을 줄이고, 친환경제품을 생산하기 위해 노력해야 한다. 개인들은 미세플라스틱에 대한 심각성을 인식하고, 적절한 대응과 실천 방안을 찾기 위해 지식을 습득하고 자발적으로 참여한다.

미세플라스틱을 줄이기 위해서는 개인과 사회적 차원에서 적극적인 노력이 필요하다. 우리 모두가 작은 변화부터 시작하여 노력하면 더 건강하고 지속 가능한 환경을 만들 수 있을 것이다.

7. 열섬현상

열섬현상이란 도시의 온도가 교외보다 5℃에서 10℃까지 더 높은 현상을 말한다. 이런 현상이 나타나는 이유는 도심 속의 건축물이나 시설물들은 대부분 시멘트로 되어 있어, 이들의 열용량 및 열전도도가 토양보다 크기 때문이다. 그리고 태양에너지를 받는 면적이 교외 지역보다 크고, 도시의 교통량 증가, 녹지면적 축소, 화석연료 사용에 의한 온실효과로 도시의 발열량이 증가되기 때문이다.

이런 영향으로 도시의 대기 온도가 상승하고, 건물들로 둘러싸여 바람이 통하지 않아 도시의 온도가 내려가지 않으면 이 더운 공기는 도시의 상공으로 떠오르게 된다. 그러면 아래층에는 교외의 찬 공기가 차지하게 되며, 그 찬 공기는 오염물질들이 상공에서 계속 머물도록 한다. 도시의 상승공기에는 도시에서 만들어진 먼지, 매연 등 오염물질 등이 포함되어 있는데 이

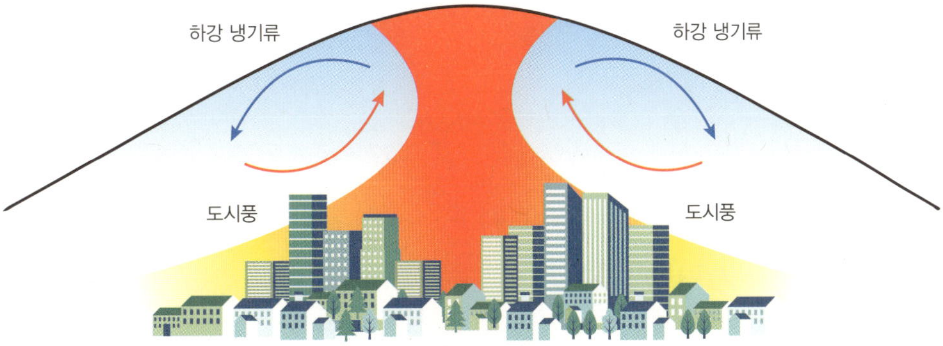

그림 9-9. 도시 열섬현상.

그림 9-10. 시카고 시청에 조성된 옥상 정원.

것들이 비산되지 않고 도시 상공에 체류하면서 둥그렇게 먼지 돔을 형성한다. 따라서 오염물질들이 대기에 지속적으로 쌓이면서 맑은 공기가 순환되지 않아 도시의 공기의 질이 더욱 악화될 뿐만 아니라 온도도 지속적으로 올라가게 되며, 스모그현상을 악화시키는 원인이기도 하다. 이런 먼지 돔과 열섬현상을 막기 위해서는 화석연료를 이용하는 냉·난방을 줄이고 대중교통 이용을 활성화하는 등 자동차 이용을 줄이고 도심에 공원, 녹지 등의 생태건축을 충분히 조성하여 잘 관리하는 것이 중요하다.

생태건축에 의해 열섬현상을 완화시킬 수 있다. 지붕에 나무를 심고 반사율이 높은 소재로 덮으면 여름철 실내 기온이 높아지는 것을 막을 수 있고 주변의 기온을 낮추기도 하며, 건물 주변에 나무를 많이 심고 보수성 포장을 한 주차장을 설치하면 습도를 높여 기온을 낮출 수 있다.

8. 엘니뇨현상과 라니냐현상

엘니뇨현상

엘니뇨란 해수면 온도가 0.5℃ 이상 높은 상태가 6개월 이상 지속될 때를 말한다. 엘니뇨는 남미의 페루 등에서 크리스마스 전후에 발생하기 때문에 스페인어로 '아기예수'라는 뜻이다. 적도 부근 태평양 지역의 바다표면 온도는 북동 및 남동무역풍의 영향으로 서태평양 지역은 높고 동태평양은 낮은 상태를 유지하는데, 적도 부근의 무역풍이 약해질 경우 서태평양의 따뜻한 바닷물이 동쪽으로 이동하여 동태평양에 위치한 페루 연안의 바닷물 온도가 평상시보다 0.5℃ 이상 올라가게 되는 엘니뇨현상이 발생하게 된다.

엘니뇨의 영향으로 페루 연안은 해수의 온도가 상승하게 되고, 심할 때는 7~10℃ 정도 높아지게 된다. 높아진 수온 때문에 바다 속의 영양염류와 용존산소가 부족하게 되고, 어획량이 감소되어 어장이 황폐화된다. 또한 바다에서 수증기가 많이 생성되어 상승기류(저기압)가 생겨 많은 비구름을 만들게 되며, 온도는 계속 상승하게 된다. 그리고 이렇게 생성된 비구름은 중남미 지역에 많은 비를 뿌려 열대우림지대에 풍부한 수분을 공급하기도 하지만 폭우나 홍수와 같은 기상이변의 발생으로 인간 일상에 막대한 피해가 발생하기도 한다. 엘니뇨는 멀리 떨어진 지역에도 영향을 미치는데, 즉 태평양 반대쪽인 호주 일대에 가뭄을 일으켜 농업과 수산업 등 산업 전반에 큰 피해를 입히는 결과를 가져오기도 한다. 엘니뇨현상으로 여름철 이상 저온 현상이나 긴 장마와 폭우 현상이 일어나고, 겨울에는 이상 고온 현상이나 가뭄이 일어난다. 우리나라는 과거 엘니뇨의 직접적인 피해는 없었으나, 엘니뇨로 인해 동남아 등 세계 각국에서 가뭄으로 농작물 생산량이 감소하여 곡물 공급원을 확보하는 데 어려움이 있으므로 간접적인 영향이 우려된다.

엘니뇨가 발생하면 필리핀, 인도네시아 등 동남아시아와 호주 북부 등 서태평양 적도 연안

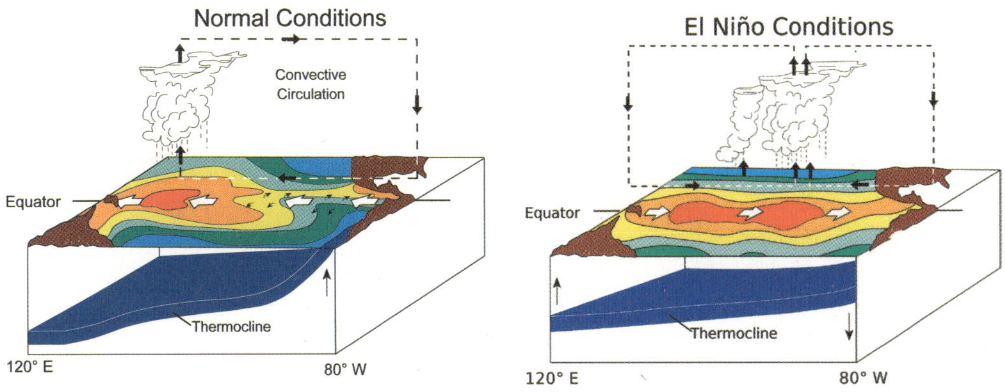

그림 9-11. 엘니뇨 발생 메커니즘.

엘니뇨로 인한 파도.

가뭄으로 드러난 호수 밑바닥.

그림 9-12. 엘니뇨에 의한 홍수와 가뭄 피해.

지역에서는 강수량이 평년보다 적어 오히려 가뭄이 발생하고 대만 및 일본 남부 등 아열대 지역과 적도, 태평양 중부, 멕시코 북부와 미국 남부, 남미대륙 중부에서는 고온다습한 기류가 형성되어 홍수가 발생한다. 우리나라는 다른 지역에 비해 엘니뇨현상이 뚜렷하게 나타나는 지역은 아니다.

라니냐현상

라니냐란 적도 무역풍이 평년보다 강해지면 서태평양의 해수면과 수온은 평년보다 상승하게 되고, 찬 해수의 용승 현상 때문에 적도 동태평양에서 저수온 현상이 강화되어 엘니뇨의 반대 현상이 나타나는 것을 말한다. 즉, 동태평양의 적도 지역에서 해수면 온도가 평년보다 0.5℃

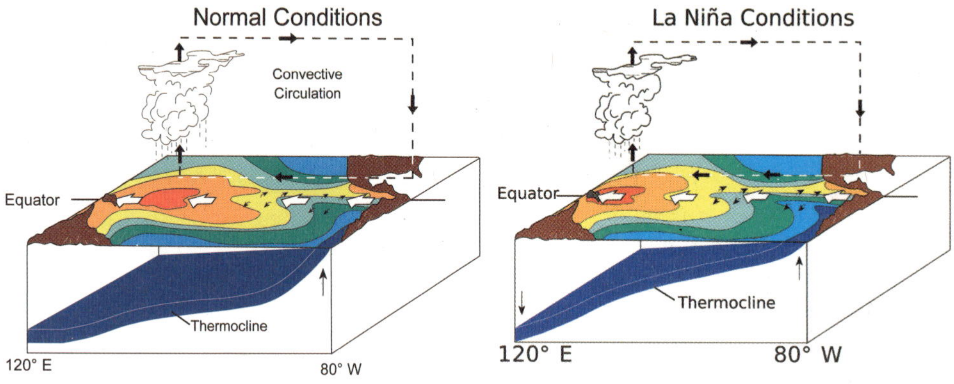

그림 9-13. 라니냐 발생 메커니즘.

이상 낮은 저수온 현상이 5개월 이상 일어나 생기는 이상현상으로, 스페인어로 '여자아이'라는 뜻이다.

라니냐가 발생하면 인도네시아, 필리핀 등의 동남아시아와 호주 북부의 강수량이 증가해 홍수가 일어나는 반면, 페루 등의 남아메리카에는 가뭄이, 그리고 북아메리카 지역에는 강추위가 찾아올 수 있다. 라니냐의 영향으로 1900년대 안데스 산맥 중부에는 강수량이 크게 증가하여 기록적인 홍수 피해가 발생했고, 2000년~2008년 겨울에는 캐나다 동부에 기록적인 폭설 피해가 발생했으며, 2008년 3월에는 동남아시아의 해수면 온도가 2℃ 낮아짐과 동시에 대륙 전역에 홍수가 발생했다.

제10장

지구 환경 보전을 위한 노력

전 세계적으로 지구온난화, 오존층 파괴, 산성비, 사막화, 생태계 파괴, 이상기후변화 등 환경문제가 심각하게 발생하고 있고, 이런 지구 환경 문제 해결이 국제사회의 최대 현안과제로 대두되고 있다. 지구 환경 문제가 국제사회의 새로운 쟁점으로 부각되면서, 지구환경 보전을 위한 각종 환경관련 국제회의와 협약이 증가하고 있다.

1. 국제환경회의

국제연합 인간환경회의

국제연합 인간환경회의(UNCHE, The UN Conference on the Human Environment)는 지구 환경 문제를 논의한 최초의 국제연합 환경회의로서 '오직 하나뿐인 지구'를 표어로 1972년 6월 스톡홀름에서 개최되었다. 환경파괴로부터 지구를 보호하고 천연자원 고갈을 방지하기 위한 국제연합체제를 구축하려는 데 목적을 둔 이 회의에는 모두 114개국에서 1,200여 명의 대표들이 참가하였다. 회의 결과 유엔 경제사회이사회 산하조직으로 환경이사회가 설치되었고 이와 관련 환경기금이 설립되었으며, 회의 개최를 기념하여 매년 6월 5일을 '세계환경의 날'로 제정하면서 지구 환경 문제가 국제적 관심을 끄는 계기가 되었다.

국제연합 환경개발회의

국제연합 환경개발회의(UNCED, The UN Confernce on Engironment and Development)는 인간환경회의(UNCHE) 20주년을 기념하여 1992년 6월 지속 가능한 개발을 범세계적으로 실현하기 위하여 브라질 리우데자네이루에서 개최하였으며, 세계 185개국 대표단과 114개국 정상 및 정부 수반들이 참석하였다. 회의 주제는 '인간과 자연환경 보전 경제개발의 양립'과 '환경적으로 건전하고 지속 가능한 발전(ESSD)'이었으며, 리우선언을 비롯하여 의제 21(Agenda 21), 기후변화협약, 생물다양성협약, 산림원칙 등을 채택하였고, 지구환경회의에서는 지구헌장·세계민간단체협약 등을 채택하였다.

2. 주요 국제환경협약

현재까지 170여 개에 달하는 국제환경협약이 체결되었고, 그 중 국제적 영향력이 큰 환경협약은 런던협약, 몬트리올 의정서, 바젤협약, 생물다양성 보존 협약, 기후 변화 방지 협약, 교토의정서 등이다.

국제환경협약 흐름

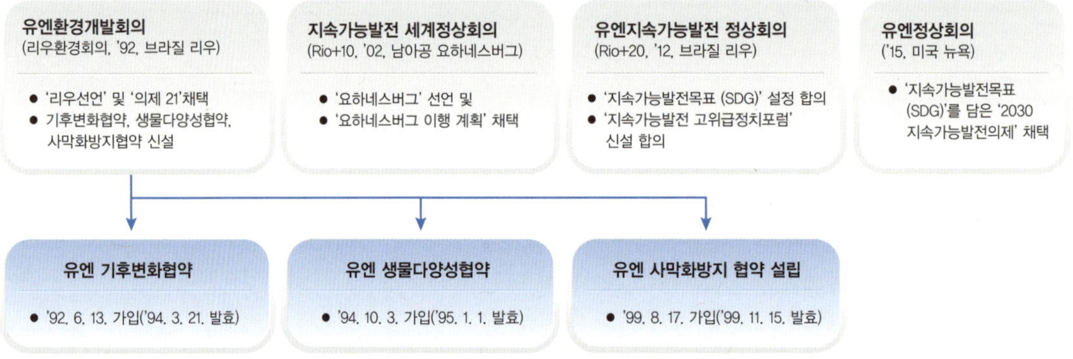

그림 10-1. 국제환경협약 흐름. 출처: 2022 환경백서, 환경부.

표 10-1. 주요 국제환경협약

명칭	내용	채택연도(발효연도)
런던협약	폐기물의 해양 투기로 인한 해양 오염의 방지	1972년(1975년)
몬트리올 의정서	오존층 파괴 물질인 염화불화탄소(CFCs 등)의 생산·사용·수입 규제	1987년(1989년)
바젤협약	국제적으로 문제가 되는 유해폐기물의 수출입과 그 처리의 규제	1989년(1992년)
생물다양성 협약	지구상의 생물종 보호	1992년(1993년)
기후변화협약	지구온난화를 일으키는 온실 기체 배출량 억제	1992년(1994년)
교토의정서	지구온난화 방지를 위한 선진국의 온실가스 감축 목표 규정	1997년(2005년)

런던협약

런던협약(London Convention)은 비행기나 선박에서 나오는 쓰레기 투기를 규제하기 위한 협약으로서 1972년 런던에서 체결되어 1975년에 발효되었다. 폐기물의 해양 투기로 해양오염이 일어나는 것을 막기 위한 협약이며, 협약의 실효성 문제로 1996년 11월에는 배출 조건을 강화한 '1996 의정서(1996 Protocol)'가 채택되었다. 1972년 협약은 해양 투기를 허용하되 특정 물질의 해양 투기를 금지하고 있으나 '1996 의정서'는 해양 투기를 금지하되 특정 물질의 해양 투기만 허용하고 있다. 우리나라는 1993년 12월 21일 런던협약에 가입하였고, 1994년 1월 20일 발효하였다. '1996 의정서'에는 2009년 1월 22일 가입, 2009년 2월 21일 발효하였다

몬트리올 의정서

몬트리올 의정서는 오존층 파괴 물질인 염화불화탄소(CFCs)의 생산과 사용을 규제하려는 목적으로 1987년 9월 체결, 1989년 1월에 발효된 협약이다. 정식 명칭은 '오존층 파괴 물질에 관한 몬트리올 의정서(Montreal Protocol on Substances that Deplete the Ozone Layer)'로 오존층의 파괴 예방과 보호를 위해 제정한 국제협약을 말한다. 몬트리올 의정서에서 규정한 규제 대상 물질과 규제 시기는 다음 표와 같다. 우리나라는 1992년 2월에 가입하였고 우리나라를 포함한 개발도상국은 CFCs를 1999년부터 동결하고, 순차적으로 감축하여 2010년부터는 완전히 사용할 수 없도록 하고 있다.

몬트리올 의정서의 목적은 오존 파괴 물질로 알려진 프레온가스(CFCs), 할론, 메틸브로마이드 등의 범세계적인 생산과 소비의 감축 및 궁극적인 전폐를 통해 오존층을 보호하고 파괴를 방지하며, 파괴된 오존층의 회복을 촉진시킴으로써 유해 자외선이 인체 및 환경에 미치는 피해를 최소화하고 예방하는 것이다.

우리나라가 몬트리올 의정서에 가입함으로써 부담하게 되는 의무는 의정서 제5조국(개도국)으로서 규제물질의 생산과 소비의 전체 일정을 준수할 것, 비당사국과의 규제 대상 물질의 무역을 금지하는 등 의정서상 무역 제한 조치를 준수할 것, 규제 대상 물질의 생산량과 소비량을 매년 사무국에 보고할 것 등이다.

표 10-2. 몬트리올 의정서 규제물질 및 규제시기

규제물질	개발도상국	선진국
CFCs(프레온가스)	1995년~1997년 평균생산, 소비량 기준1997년 7월 1일 이후 동결2010년 1월 1일 이후 전폐	1996년 1월 1일 전폐(필수 용도 제외)
Halon(할론)	1995년~1997년 평균생산, 소비량 기준2002년 1월 1일 이후 동결2010년 1월 1일 전폐	1994년 1월 1일 이후 전폐
사염화탄소(CCl4)	1998년~2000년 평균생산, 소비량 기준2005년 1월 1일 이후 85%2010년 1월 1일 이후 전폐	1996년 1월 1일 전폐
HCFC	2015년 소비량 기준2016년 1월 1일 이후 동결2040년 1월 1일 이후 전폐	1996년 1월 1일 이후 동결2030년 1월 1일 이후 전폐
HBFC	1996년 1월 1일 이후 전폐(필수 용도 제외)	1996년 1월 1일 이후 전폐(필수 용도 제외)
메틸브로마이드	1995년~1998년 생산, 소비량 기준2002년 1월 1일 이후 동결 (방역, 선적 전 처리 용도 제외)2015년 1월 1일 이후 전폐	1991년 1월 1일 이후 25% 2005년 1월 1일 이후 전폐 (방역, 선적 전 처리 용도 제외)

출처 환경부, http://www.mo.go.kr, 2003

바젤협약

바젤협약(Basel Convention)은 유해폐기물의 국가 간 이동 및 교역을 규제하는 협약으로 1989년 3월 22일 스위스 바젤(Basel)에서 채택, 1992년 5월 발효되었다. 기본내용은 병원성 폐기물을 포함한 유해폐기물의 국가 간 이동 시, 사전 통보 등의 조치를 취함으로써 유해폐기물의 불법 이동을 줄이자는 데 있다. 이 협약은 아프리카 등 77그룹이 주도적인 역할을 하고 있는데, 이는 후진국이 선진국의 '폐기물처리장'이 되어서는 안 되겠다는 위기의식에서 출발한 것이라 할 수 있겠다. 우리나라는 1994년 2월 가입하였고, '폐기물의 국가 간 이동 및 그 처리에 관한 법률'이 1994년 5월부터 시행되었다.

바젤협약은 유해폐기물의 국제교역 규제에 대한 최초의 다자간 협약이며, 유해폐기물이 국경 간 이동함으로써 발생될 수 있는 인류 건강에 대한 위협과 환경파괴를 방지하기 위해 채택된 협약이다. 협약의 채택으로 개도국은 선진국으로부터의 무분별한 유해폐기물 수입을 사전에 통제하고 규제할 수 있게 되었다. 또한 선진국은 대내적으로 환경보호단체 및 여론에 부응할 수 있게 되었으며, 대외적으로는 유해폐기물로 인한 개도국과의 마찰을 해소할 수 있게 되었다.

생물다양성 협약

생물다양성 협약(生物多樣性協約, Convention on Biological Diversity, CBD)은 생물다양성을 생태계, 종, 유전자 세 가지 수준에서 파악하고, 생물다양성의 보전, 생물다양성 구성요소의 지속 가능한 이용, 유전자원의 이용으로부터 발생하는 이익의 공정하고 공평한 배분을 목적으로 1992년 5월 22일 케냐의 나이로비에서 채택되었고, 1993년 12월 29일에 발효되었다.

이 협약의 주요내용은 각국의 생물자원에 대한 주권적 권리 인정, 생물종의 파괴행위에 대한 규제, 생물다양성의 보존과 합리적 이용을 위한 국가 전략 수립, 생물다양성의 보전을 고려한 환경영향평가, 유전자원 제공국과 생명공학 기술 선진국의 공평한 이익 분배, 유전적 변형된 생물체의 안전관리 등이다.

우리나라는 1994년 10월 3일에 154번째 회원국으로 가입하였고, 2016년 4월 기준 가입국이 196개국에 달하고 있다. 협약이 채택됨에 따라 우리나라는 생물자원에 대한 주권적 권리 주장이 가능케 된 반면, 생물자원의 보존 및 관리에 관한 국제적인 규범과의 조화를 이루어야 하는 필요성이 대두되었다.

표 10-3. 생물다양성 당사국총회 개최 현황

일시	구분	주요내용	개최국
'94.11월	제1차 당사국총회 (COP 1)	재정메커니즘	바하마 (나소)
'95.11월	제2차 당사국총회 (COP 2)	해양 및 해안 생물다양성, 유전자원 접근, 지속가능한 이용, 생명공학 안전성	인도네시아 (자카르타)
'96.11월	제3차 당사국총회 (COP 3)	농업생물다양성, 재정자원 및 메카니즘, 분류, 모니터링, 평가, 지적재산권	아르헨티나 (부에노스아이레스)
'98.5월	제4차 당사국총회 (COP 4)	육지 생태계, 전통지식, 이익공유	슬로바키아 (브라티스라바)
'99.2월	제1차 특별 당사국총회 (EXCOP 1)	생명공학안전성에 관한 의정서 채택(미국 등 서명 거부)	콜롬비아 (카르타헤나)
'00.1월	제1차 특별 당사국총회 속개회의 (EXCOP 1-bis)	생명공학안전성에 관한 의정서 채택	캐나다 (몬트리올)
'00.11월	제5차 당사국총회 (COP 5)	사막, 건조지역 생태계, 지속가능한이용(관광), 유전자원 접근	케냐 (나이로비)
'02.4월	제6차 당사국총회 (COP 6)	산림생태계, 외부침입종, 이익공유, 2002-2010 전략계획	네덜란드 (헤이그)
'04.2월	제7차 당사국총회 (COP 7)	산악생태계, 보호지역, 기술이전 및 협력	말레이시아 (쿠알라룸프르)

일시	구분	주요내용	개최국
'06.3월	제8차 당사국총회 (COP 8)	섬생태계, 건조지역 생태계, 유전자원 이익공유, 교육 및 인식제고	브라질 (꾸리찌바)
'08.5월	제9차 당사국총회 (COP 9)	농업 생물 다양성, 식물보전을 위한 지구적 전략, 외래종, 산림다양성, 생태계 접근, 2010 목표 달성평가, 재정 매카니즘	독일 (본)
'10.10월	제10차 당사국총회 (COP 10)	2010 목표 달성평가, Post2010전략목표 설정, 유전자원의 접근 및 이익공유 의정서	일본 (나고야)
'12.11월	제11차 당사국총회 (COP 11)	2011-2020 생물다양성전략계획 및 아이치타겟 이행평가, 재원동원전략	인도(하이데라바드)
'14.10월	제12차 당사국총회 (COP 12)	제1차 나고야의정서 당사국회의 개최, 평창로드맵 채택, 재원동원 목표 채택	대한민국 (평창)
'16.12월	제13차 당사국총회 (COP 13)	생물다양성 주류화 방안, 합성생물학 정의, 전통지식의 존중 등에 대한 결의문 채택	멕시코 (칸쿤)
'18.11월	제14차 당사국총회 (COP 14)	Post-2020 생물다양성 글로벌 프레임워크 준비, 디지털 염기서열 정보 등 주요 안건 논의	이집트 (샤름엘셰이크)
'22.12월	제15차 당사국총회 (COP 15)	쿤밍-몬트리올 글로벌 생물다양성 프레임워크(前 Post-2020 GBF)채택, 디지털 염기서열 정보 및 재정동원 등 논의	캐나다 (몬트리올)

출처 2023 환경백서

기후변화협약

기후변화협약(UNFCCC, The United Nations Framework Convention on Climate Change)은 온실 기체로 발생되는 지구온난화를 줄이기 위해 각국의 온실가스 배출을 규제하기 위한 목적으로 1992년 6월에 브라질 리우데자네이루에서 체결되고 1994년에 발효된 국제협약이다. 192개국이 협약에 가입하였고, 우리나라는 1993년 12월 47번째로 가입하였다. 협약가입국은 기후변화 방지전략과 계획을 수립하여 시행하여야 하지만 협약 자체는 각국의 온실가스 배출에 대한 어떤 제약을

기후변화협약 주요논의 경과

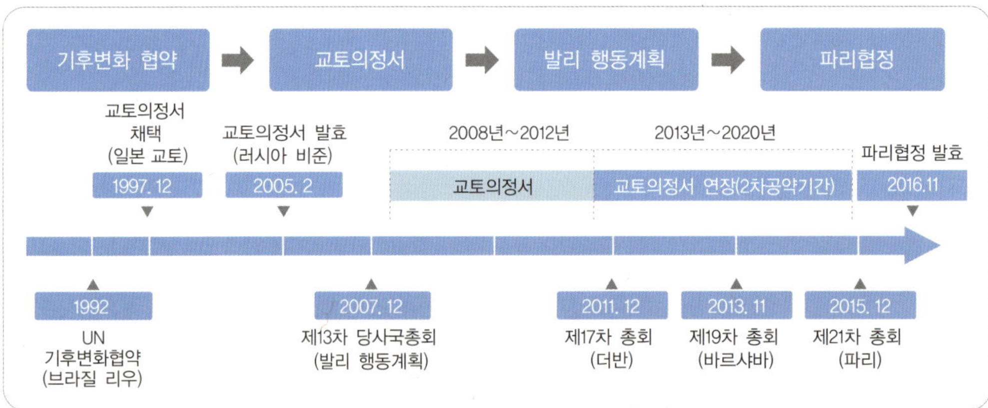

그림 10-2. 기후변화협약 주요논의 경과. 출처: 2020 환경백서, 환경부.

가하거나 강제성을 띠고 있지는 않다. 협약은 시행령에 해당하는 교토의정서(Kyoto Protocol to the United Nations Framework Convention on Climate Change)을 통해 의무적인 배출량 제한을 규정하고 있다. 지구온난화는 개별 국가의 문제가 아니라 지구 전체의 생존이 걸린 문제이다. 이런 이유로 지구온난화는 인류에게 국가 이익을 수호하기 위한 개별적 활동보다는 세계 공동의 노력이 요구되면서 국제 환경정치의 핵심의제로 떠오르고 있다.

교토의정서

교토의정서는 지구온난화의 규제 및 방지를 위한 기후변화협약의 구체적 이행 방안으로, 1997년 12월 일본 교토에서 개최된 기후변화협약 제3차 당사국 총회에서 채택되고 2005년 2월 발효되었다. 정식 명칭은 기후 변화에 관한 국제 연합 규약의 교토의정서)다. 의정서 주요내용은 지구온난화를 유도하는 온실가스 6가지 [이산화탄소(CO_2), 메탄(CH_4), 아산화질소(N_2O), 불화탄소(PFC), 수소화불화탄소(HFC), 불화유황(SF_6)]의 배출량을 감축해야 하며, 배출량을 줄이지 않는 국가에 대해서는 비관세 장벽을 적용하게 된다는 것이다.

우리나라는 2002년 11월 국회가 이 조약을 비준하였으나 개발도상국으로 분류되어 온실가스 감축의무는 없고 공통의무인 온실가스 국가통계 작성 및 보고의무는 부담하게 된다. 그러나 우리나라는 OECD회원국으로서 멕시코와 더불어 온실가스 감축 압력을 받고 있으며, 2차 의무감축 대상국으로 2013년부터 2017년까지 온실가스를 감축해야 할 것이다.

교토의정서는 감축조치의 목표를 달성하고 선진국이 온실가스 배출 의무를 융통성 있게 이행할 수 있도록 배출권 거래제도, 공동이행 제도 및 청정개발 제도를 도입함으로써 이른바 교토 메커니즘이라는 새로운 온실가스 감축수단을 인정했다.

배출권 거래제도는 온실가스 감출의무가 있는 국가에 배출량을 부여한 후 동 국가 간 배출량의 거래를 허용하는 제도를 말한다. 선진국 전체의 온실가스 배출 총량을 설정하고 각국에 일정량의 배출량을 부여한 뒤, 할당량을 초과한 국가는 타국으로부터 배출권을 구매하고 할당량에 미달한 국가는 타국에게 잉여분을 판매할 수 있도록 하는 제도이다.

공동이행제도는 선진국이 다른 선진국에 투자해 발생된 온실가스 감축분의 일정분을 투자국의 배출 감축 실적으로 인정하는 제도이다. 배출권 거래제도와 비슷한데, 타국에 자본과 기술을 투자해 온실가스 배출을 줄여 준 뒤, 그 감축량에 상응하는 배출량을 당해 국가로부터 넘겨받는 것을 허용하기 위해 고안된 제도이다. 즉, A국이 선진국 B국에 투자해 발생된 온실가스 감축분의 일정분을 A국의 배출 저감 실적으로 인정하는 것이다.

청정개발 체제는 선진국이 개발도상국에 투자해 발생한 온실가스 배출 감축분을 자국의 감축실적에 반영할 수 있도록 하는 제도이다. 즉, 선진국이 개도국에게 투자하거나 지원해 온실가스 감축효과를 가져온 경우, 그에 따라 발생된 배출 감축분을 자국의 감축 실적에 반영할 수 있도록 한 제도이다.

파리 기후 변화 협약

교토 의정서 이후의 대표적인 기후협약으로 파리 협약는 현대 역사상 가장 중요한 국제 협약의 하나이다. 파리 기후 변화 협약(Paris Agreement)은 2015년에 제정된 국제 협약으로, 지구온난화 및 기후 변화에 대응하기 위한 세계적인 노력을 촉진하는 목적을 가지고 있다. 이 협약은 2015년 12월 12일에 프랑스 파리에서 열린 유엔 기후변화 협의회(UNFCCC) 제21차 정기 회의(COP 21)에서 채택되었으며, 2016년 11월 4일에 공식적으로 발효되었습니다. 파리기후변화협약의 주요 내용은 다음과 같다.

1. 글로벌 온난화 제어 목표 설정: 지구 온난화를 억제하기 위해 글로벌 온도 상승을 2℃ 미만으로 유지하고, 가능한 한 1.5℃로 제한하는 것을 목표로 한다.
2. 각국의 기여: 각 회원국은 국가별로 기후변화 대응을 위한 목표와 계획을 제시해야 하며, 이러한 목표와 계획을 "국가별 결정(INDC, Intended Nationally Determined Contributions)"이라고 한다.
3. 금융 지원: 선진국은 개도국에게 기후변화 대응을 위한 금융 지원을 제공하며, 개도국은 그에 따른 기후변화 대응 조치를 추진하는 데 도움을 받는다.
4. 기술 이전 및 능력 구축: 개도국은 기술 이전 및 능력 구축을 통해 기후변화 대응 능력을 향상시키는 데 필요한 지원을 받는다.
5. 투명성 및 모니터링: 회원국들은 정기적으로 기후변화 대응의 진행 상황을 보고하고 모니터링한다. 이를 통해 국제사회는 각국의 노력을 추적하고 지원을 조정할 수 있다.

파리 기후 변화 협약은 지구온난화에 대한 국제적인 의지와 노력을 강조하는 중요한 협약으로 평가되며, 다양한 국가들이 협력하여 기후변화의 영향을 최소화하고 지속 가능한 미래를 위해 노력하고 있다.

3. 환경관련제도

환경개선 부담금제도

환경개선 부담금제도는 환경오염 원인자로 하여금 환경개선에 필요한 비용을 부담하게 하여 환경개선을 위한 투자재원을 합리적으로 조달함으로써 국가의 지속적인 발전의 기반이 되는 쾌적한 환경을 조성하는 데 목적이 있으며, 1991년 12월에 「환경개선 비용부담법」이 제정되어 시행되고 있다.

환경개선 부담금의 부과 대상은 대기오염, 수질오염을 일으키는 시설물과 경유 자동차로서 시설물의 경우, 점포, 사무실 등 지붕과 벽 및 기둥이 있는 각층 바닥 면적의 합계가 160m^2 이상인 시설물을 대상으로 하고 있으며, 자동차는 「자동차관리법」에 의해 경유를연료로 하는 자동차로 하고 있다. 부과 면제대상은 삼원촉매장치 부착 등으로 이미 원인자 부담을 하고 있는 휘발유 사용 자동차, 외국 정부 소유의 시설물과 자동차, 단독주택 및 공동주택 등의 주거용 시설이다.

환경마크제도

환경마크제도는 제품을 생산, 소비, 폐기하는 과정에서 동일종의 다른 제품에 비해 환경오염을 덜 시키거나 에너지 및 자원을 절약할 수 있는 저공해상품임을 인정하여 주는 환경친화적 상품 인증제도이다. 이 제도는 환경 친화적인 상품에 환경마크를 표시하여 소비자들에게 제품에 대한 정확한 환경정보를 제공하고, 기업에게는 친환경적인 제품의 개발 및 생산을 유도한다.

그림 10-3. 세계 각국의 환경마크.

환경마크제도는 1979년 독일에서 처음 시행되어 북유럽·캐나다·일본(1989년), 뉴질랜드·스웨덴(1990년), 미국(1991년) 등 전 세계 40여 국가에서 성공적으로 시행되고 우리나라에서는 1992년 4월부터 시행되고 있다. 환경마크제도는 각 나라의 문화와 경제·사회적인 여건에 따라 운영하는 주체가 다른데, 유럽연합은 정부, 미국과 스웨덴에서는 민간단체, 독일과 일본은 정부와 민간단체가 공동 운영하고 있으며, 우리나라에서는 환경부와 한국환경산업기술원이 담당하고 있다.

환경영향평가제도

환경영향평가제도는 정부기관 또는 민간기업에서 대규모 개발사업 계획을 수립하는 경우 이로 인해 환경에 미칠 영향의 정도나 범위를 사전에 예측하고 평가하여 그 대처 방안을 마련함으로써 환경오염을 사전에 예방하는 제도이다.

환경영향평가제도는 1969년 미국에서 「연방환경정책법」을 제정하면서 처음으로 환경평가가 제도화된 이후 주요 선진국에서는 개발사업에 앞서 반드시 환경평가를 실시할 것을 법률로 규정하고 있다. 우리나라에서는 1993년에는 「환경영향평가법」을 별도로 제정해 본격적으로 실시하고 있으며, 도시개발, 공단조성, 에너지개발, 도로건설 등 16개 분야 59개 사업에 대해 시행하고 있다.

환경영향평가 도입목적은 환경적으로 건전하고 지속 가능한 개발이 되도록 함으로써 쾌적한 환경을 유지하기 위함이다. 산업화에 따라 증가하고 있는 개발사업의 시행으로 환경오염이 점차 심화되자, 환경영향평가는 사업계획을 수립하고 시행하는 데 해당 사업의 경제성과 기술성뿐만 아니라 환경성까지 종합적으로 고려하여 환경적으로 건전한 사업 계획안을 모색하는 과정이자 계획 기법이라 할 수 있다.

제11장

국내외 환경오염 사례

1. 방사능오염 사례

체르노빌 원전 사고

체르노빌 원전 사고는 1986년 4월 26일 구소련의 체르노빌 원자로의 폭발로 발생한 방사성 물질 누출사고로, 20세기 최대·최악의 사고이다. 이 사고로 누출된 방사성 강하물이 우크라이나, 벨라루스, 러시아 등에 떨어져 심각한 방사능 오염을 초래하였고, 사고 후 피해가 광범위화되어 최악의 원자력 사고로 기록되었다.

▶ 체르노빌 원전 사고의 원인

체르노빌 원자력발전기 4호에서 터빈발전기의 관성력 실험 도중 출력량을 30%로 낮추어야 할 것을 정지상태까지 낮춤으로써 원자로 재가동에 문제가 발생하였다. 원자로 재가동을 위해 출력량을 올리려고 핵분열의 속도와 크기를 조절하는 장치인 제어봉을 안전규정보다 더 많이 빼내어 원자로의 온도가 급격하게 상승하였다. 그 결과 원자로의 냉각수가 모두 증발해 버리고, 지르코늄과 수(물)의 반응결과로 수소폭발이 일어났으며, 또한 원자로에 사용된 흑연이 물과 반응하여 폭발이 일어났다. 따라서 사고의 근본적인 원인은 원자력발전소 자체의 구조적인

그림 11-1. 체르노빌 원자력발전 사고 모습 및 피해 상황.

문제, 관리요원의 규칙 위반과 실수 및 안전에 대한 둔감함 때문이라 할 수 있겠다.

▶ 체르노빌 원전 사고 결과 및 피해

체르노빌 원전 사고의 결과로 제논가스와 요오드, 세슘 등 방사성 물질이 대량 방출되었고, 이것은 바람을 타고 인근 국가인 우크라이나, 벨라루스, 스칸디나비아 및 유럽까지 퍼져 나갔으며 방사능에 노출된 사람만 약 800만 명에 이르렀다. 원전 사고 복구에 참여한 사람 중 28명이 3개월 이내에 사망했으며, 직접적인 방사능 피폭에 의해 56명이 사망하였다. 세계보건기구에 따르면 이 사고로 인한 사망자가 4000여 명에 달한다.

원전 사고 이후 많은 사람들이 당장의 피해보다 방사능 노출에 의한 부작용에 더 극심하게 시달렸다. 많은 기형아가 태어났고, 많은 아이들이 갑상선암 소아암에 시달렸으며, 방사능에 직접 오염된 사람들에게는 골수암, 폐암, 갑상선암, 유방암 등 각종 암을 비롯해 백혈병, 백내장, 만성빈혈, 유전적 장애 등이 발생했다. 피폭자의 경우 몸의 세포가 재생되지 않아 장 출혈이 발생했으며 심각한 설사와 탈수 증세를 동반하기도 했고, 피부세포가 재생되지 않아 몸의 피부가 허물처럼 벗겨지기도 했다. 방사능에 의한 피해는 인간에게만 국한된 것이 아니고, 동식물에도 영향을 끼쳐 기형적인 형태의 동식물이 발견되기도 했다. 몸 하나에 머리가 세 개인 개구리도 발견됐으며 기형적 형태의 물고기도 여러 종 발견됐다. 그뿐만 아니라 꽃들도 기형적 모습으로 자라났다. 방사능이 유출되어 많은 숲들이 누렇게 말라 갔으며 여러 자연들이 훼손되었다. 지금도 체르노빌 원전과 가까운 소나무 숲은 가지와 몸통이 녹이 슨 것처럼 이상한 색깔을 띠고 있다. 또 많은 도시들이 폐허가 되었고 지금도 사람이 살 수 없는 유령의 도시가 되었다. 30년이 지난 지금도 많은 사람들과 아이들이 방사능 후유증을 앓고 있으며 '체르노빌병'이라는 명칭까지 나올 정도로 증세가 심각하다.

후쿠시마 원전 사고

후쿠시마 원전 사고는 2011년 3월 11일 일본 동해에서 규모 9의 대지진과 그 여파로 발생한 거대한 쓰나미로 인해 제1원자력발전소의 냉각 시스템이 고장 나면서 폭발해 방사능 물질이 누출된 사고이다.

▶ 후쿠시마 원전 사고 발생원인

후쿠시마 제1원전은 내진설계로, 최대 5.7m 높이의 쓰나미를 방어할 수 있는 비상대책이 세

그림 11-2. 후쿠시마 원자력발전 사고 모습. 우측부터 1~4호기.

워졌으나, 실제 14~15m의 높은 파도와 대형 쓰나미 앞에서는 속수무책이었다. 그 일로 인해 후쿠시마에 있는 원자로의 냉각기 고장으로 원자로가 가열되었고 원자로가 녹아 연료가 유출이 되었다. 그로 인해 수소가 대량 유출되어 수소폭발이 발생하였고 원자로 건물이 파괴되어 방사성 물질이 유출되었다. 이 사고는 체르노빌 원자력발전소 사고와 함께 국제 원자력 사고 등급(INES)의 최고 단계인 7단계(Major Accident)를 기록하였다. 원전 주변 20~30km 이내에 거주하는 주민들이 긴급히 피난을 가야 했으며, 동일본 지역의 농축산물과 임산물, 수산물에서 기준치 이상의 방사성 물질(주로 세슘)이 검출되면서 일본 전역을 공포로 몰아넣었다. 현재도 계속적으로 원자로에서 방사능 물질이 공기 중으로 누출되고 있으며, 빗물과 원자로 밑을 흐르는 지하수에 의해 방사능 오염수가 태평양 바다로 계속적으로 누출되고 있다. 누출된 방사능 물질로 인해 후쿠시마 제1원자력발전소 인근 지대뿐 아니라 일본 동북부 전체에서 방사능 오염이 심각한 상황이다.

▶ 후쿠시마 원전 사고 결과 피해 현황

가장 큰 피해로는 방사성 물질의 누출이다. 후쿠시마 제1원전 부지 내의 토양에서 핵무기 원료인 플루토늄까지 검출되었고, 원전 주변에서는 우라늄이 핵분열을 일으킬 때 생성되는 방사성 물질인 요오드, 세슘, 텔루륨, 루테늄, 세륨 등의 물질이 검출되었다. 이러한 방사성 물질은 편서풍을 타고 상당량이 태평양 쪽으로 확산되었다. 이 사고의 방사능 누출로 인하여 한국에서도 극미량이지만 요오드-131과 같은 방사성 원소가 대기 중에서 검출되기도 하였다. 일본

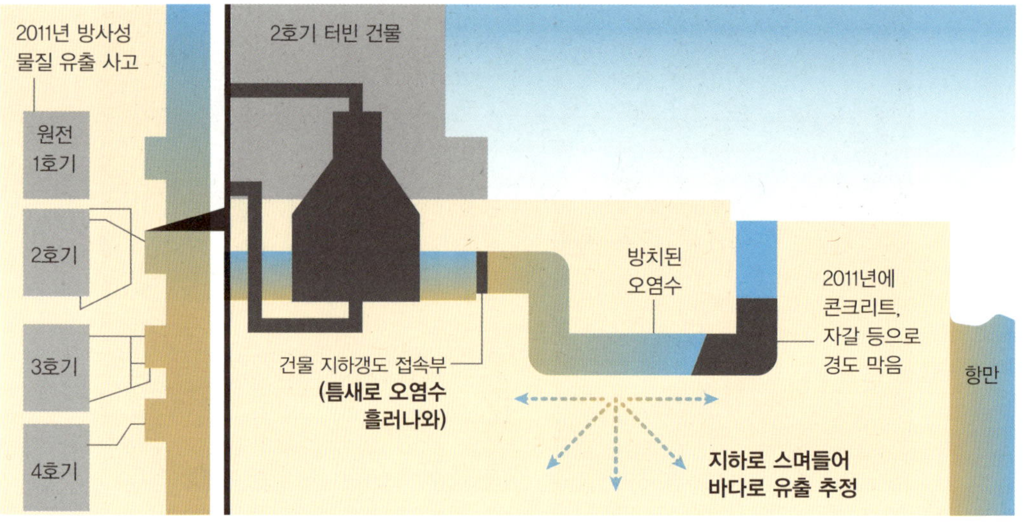

그림 11-3. 일본 후쿠시마 원전 오염수 유출 현황.

경찰이 발표한 동일본 대지진 희생자 수는 2만 851명에 이르는 것으로 보고되었고, 복구비용도 1조 4,000억 엔이 들었으며, 쓰나미 등의 피해로 재해지에서 발생한 쓰레기량은 총 2,669만 톤에 달했다.

후쿠시마 원전 사고는 우리나라의 대기와 환경에도 영향을 미쳤다. 2011년 3월 23일 강원도에서 처음으로 방사성 물질이 검출되었고, 이후 4월까지 서울을 비롯한 전국 12개의 방사능측정소에서 미량의 방사성 물질이 검출됐다. 4월 6일 군산에서 대기부유물질로는 최고인 3.12Bq이, 빗물로는 4월 7일 제주에서 최고인 2.81Bq이 검출됐다. 하지만 방사성 물질이 5월부터는 거의 검출되지 않았다.

사고 12년차인 2023년 8월, 일본 정부는 빗물과 원자로 밑을 흐르는 지하수로써 방사능에 오염된 방사능 오염수를 바다로 방류하기 시작했다. 많은 사람들은 오염수가 인간에게 어떠한 영향을 미칠지 모르기 때문에 방류에 대한 우려와 반대입장을 표명했다.

2. 해양오염 사례

태안반도 기름 유출 사고

▶ 사고 발생원인

2007년 12월 태안에서의 기름 유출 사고는 전 국민에게 큰 충격을 안겨 주었다. 2007년 12월 7일, 유조선 허베이스피리트 호와 크레인 선의 충돌로 인해 약 1만 톤 이상의 원유가 서해 태안반도 연안에 유출되었다. 이 사고로 많은 양의 원유가 해안가로 밀려와 갯벌 생태계가 파괴되었고, 어민들은 큰 피해를 입었다. 그 당시 기름으로 전부 덮힌 해안과 바다는 마치 죽음의 땅 같았으나 전 국민의 노력으로 정화 작업을 마쳐서 지금은 그때의 모습을 찾아볼 수 없다.

그림 11-4. 기름으로 뒤덮인 새.

▶ 사고로 인한 피해

원유 유출로 인해 바닷물이 혼탁해지고 용존산소량이 줄어들면서 인근 양식장의 어패류가 대량으로 폐사했다. 또한 어장이 황폐해지고 오염되면서 태안 주민들의 생업에 영향을 미쳤다. 조류가 심해짐에 따라 타르 찌꺼기가 안면도와 군산 앞바다까지 밀려갔고, 원유가 뭉친 타르 덩어리는 태안에서 점차 빠르게 확산해 사고 30일 후에는 전라남도에서도 발견되었다. 정부에서는 이렇게 타르 덩어리가 빨리 확산한 것이 조류, 강풍 등의 기상 악화가 원인이기도 하지만, 관계 당국이 저지선 구축에 소홀했기 때문이라고도 본다. 바다의 기름띠를 제거하고 생태계를 어느 정도 복구하는 데 최소 10년이 걸릴 것으로 예상했다.

그림 11-5. 기름이 낀 바위.

▶ 복구를 위한 노력

복구 작업을 위해 약 100만 명이 넘는 자원봉사자가 태안을 방문하였고, 이들은 유출된 원유로 인해 오염된 해안가의 기름을 제거하는 데 주력하였다. 상대적으로 오염도가 높은 곳인 경우는 삽 등의 장비를 이용하고, 기름 유출이 적었던 곳은 자원봉사자들이 직접 흡착포나 헌 옷 등으로 기름을 제거했다. 정부는 자원봉사를 한 경우 기부로 간주하여 소득 공제 혜택을 주거나, 민방위 교육과 고속도로 통행료를 면제해 주기도 했다. 사고의 원인 측인 삼성은 자발적인 성금을 내겠다고 했으나, 6년이 지난 2013년에 와서야 피해 지역 발전 출연금 명목으로 3600억을 지급하기로 하였다.

이 끔찍했던 재앙은 환경이 정상화되는 데 최소 10년은 걸릴 것이라고 한 전문가들의 예상과 달리 지역 주민들과 전국 각지에서 모인 자원봉사자의 노력으로 불과 3년 만에 어느 정도 회복되면서 전 세계에 유례가 없는 사례로 남았다. 그러나 아직 사고 전의 모습으로 완벽하게 복원되지는 못했으며 태안반도 인근에 서식하는 저서무척추동물 257종, 해양어류 46종, 해조류 144종 등 총 554종이 심각한 피해를 입었고 태안반도 국립공원 내 2500여 종의 5분의 1 가량이 직간접적으로 영향을 받았다.

씨프린스호 기름 유출 사고

씨프린스호 기름 유출 사고는 GS칼텍스[당시 LG정유]의 기름을 적재한 씨프린스호가 태풍으로 침몰하여 유출된 기름이 인근 양식장에 많은 피해를 입히고, 연안의 환경 파괴를 불러온 우리나라 최대의 유류 해양 오염 사고이다.

▶ 사고 발생원인

사고는 1995년 7월 23일 오후 2시 10분경, 당시 전라남도 여천군 남면 소리도 동쪽 8㎞ 지점에서 발생하였다. 호유해운 소속 씨프린스호는 A급 태풍인 페이(faye)가 내습하자, 안전을 위해 하역을 중단하고 부두에서 원유(벙커씨유) 잔량 8만 3,000톤을 적재한 채 피항하던 중이었다. 그러나 씨프린스호는 높은 파도에 떠밀려 오동도 남서쪽 25mil에 위치한 작도와 충돌하였다. 씨프린스호는 작도와 충돌할 때 충격에 의해 기관실이 파손되었고, 이때 흘러나온 연료유가 폭발하면서 엔진·선체 등이 심각하게 손상되었다. 결국 선박의 모든 기능이 정지되고 교신까지 끊어졌다. 씨프린스호는 또다시 강한 풍랑에 떠밀려 작도에서 5mil 정도 서쪽에 위치한 소리도 부근 해안에서 좌초되었다.

GS칼텍스의 기름을 적재하고 있던 씨프린스호의 침몰로 5,035톤의 원유가 바다에 유출돼 3,826㏊의 양식장에 피해가 발생했다. 오염사고 이후 발표된 자료에 의하면 해안가와 바다 밑바닥에 기름 성분이 스며들어 조개류 양식장이 황폐화되었다. 이로 인해 바지락 채취량은 사

그림 11-4. 씨프린스호 기름 유출 사고.

고 전인 1994년에 비해 70%, 전복 채취량은 56% 감소하였다. 기름이 지하까지 스며들어 양식장뿐만 아니라 바다 밑바닥 저서생물의 종류도 199종에서 151종으로 줄어든 것으로 보고되었다. 해상으로는 남해·거제·부산·울산·포항 해상까지 약 127mil, 해안으로는 전라남도 여천, 경상남도 남해, 거제, 부산광역시 해운대·태종대, 울산광역시 울주군, 경상남도 기장군, 경상북도 경주시 해안까지 총 73.2㎞에 걸쳐 오염되었다. 어민 피해 산정에 의한 재산 피해는 443억 5,600만 원이고, 씨프린스호의 선원 1명이 실종되었다.

▶ 사고로 인한 피해

대규모 복원 작업에도 불구하고, 사고 발생 후 수년이 지나도 침몰 해역 밑바닥에서는 기름띠가 발견되고 있는 것으로 조사되었다. 특히 여수환경운동연합이 2005년 7월 22일 개최한 'GS칼텍스 씨프린스호 사고 10주년 국제 심포지엄'에서, 씨프린스호 사고 직후 기름 범벅이 되어 죽은 물고기를 들고 사진을 찍었던 한 어민은 아직도 바다 밑바닥에서 기름방울들이 올라온다고 발표하였다. 이를 입증한 것은 여수환경운동연합이 사고 10년 후 조사에서 발견한 해안가의 기름 덩어리였다.

또한 기름 제거 작업에 이용된 유화제로 인한 인체 건강상의 문제도 제기되었다. 이 국제 심포지엄에서 오트 박사는 유출된 기름뿐만 아니라 기름 제거 작업에 사용된 유화제에 포함된 유독성 물질이 작업 인부와 지역 주민, 주변 야생동물의 건강에 미친 영향을 살펴보아야 한다고 강조하였다. 특히 2000년 미국 환경청이 발표한 '인체 유해물질 목록'에 포함되어 있는, 석유 중에서도 가장 유해한 22가지 다환방향족탄화수소(PAH)들은, ppb 단위의 극미량으로도 오랜 시간에 걸쳐 인체에 심각한 해를 끼친다고 발표했다. 따라서 기름 유출 사고의 장기적인 건강 영향에 대한 정밀 조사가 필요하다고 주장하였다.

출처 한국향토문화전자대전, 한국학중앙연구원

제12장

세계의 이상기후 현상

WINE

1. 2020년 이상기후 현상

세계의 이상기후 발생

2020년에는 북극의 여름은 평년보다 3~5℃ 이상 높게 나타나면서 1881년 이후 북극 기온이 가장 높게 기록되었다. 특히, 시베리아 베르호얀스크는 6월에 38℃로 북극 최고기온을 경신했다. 6~8월 중국과 일본 등 동아시아에서는 기록적인 긴 장마철과 집중호우, 최다강수량을 기록하면서 많은 인명과 재산 피해가 발생했고, 미국에서는 7~9월까지 캘리포니아를 포함한 서부지역에 산불이 지속되면서 약 2만㏊의 면적의 소실과 약 36명이 사망하는 인명 피해가 발생했다. 데스밸리 사막은 8월 16일 최고기온 54.4℃가 기록되어 1931년 이후 지구 관측 역사상 3번째로 높은 기온으로 기록되었다.

우리나라 이상기후 발생

1월 전국 최고, 평균, 최저기온 모두 평년보다 매우 높아 1973년 이후 모두 상위 1위를 기록했다. 이러한 이상고온으로 지리산 북방산개구리의 첫 산란일이 작년보다 27일 빨랐으며, 관측 이래 1월 산란은 처음이었다고 한다. 4월 전국 평균기온은 10.9℃, 최저기온은 4.7℃로 1973년 이후 하위 5위, 1907년 기상관측 이후 가장 늦은 서울 봄눈을 기록했다. 때 이른 6월의 폭염, 8월 중순 이후 폭염과 열대야가 지속되면서 여름철 월별 기온 변동 폭이 매우 컸다. 11월 중순 전국 평균기온은 연일 극값을 경신할 정도로 큰 폭으로 상승했고, 19일은 이례적인 많은 강수로 서울에서 11월 일강수량 상위 1위를 기록했다. 장마철 기간은 54일(중부지방 기준)로 1973년 이후 가장 길었고, 장마철 전국 강수량은 693.4㎜로 상위 2위를 기록했다.

2. 2021년 이상기후 현상

세계의 이상기후 발생 및 피해 현황

1~2월 동아시아, 북미와 유럽에 기록적인 한파로 많은 피해가 발생했고, 대만에서는 한파로 이틀간 약 126명이 저체온증 등으로 사망했으며, 2월 중순 미국은 본토의 73%가 눈으로 덮이고, 2003년 이후 가장 넓은 지역에 눈이 내려 최소 60여 명이 사망했고, 약 1조원의 재산 피해가 발생했다. 7월 전 지구 기온이 142년 기상관측 역사상 최고를 기록한 가운데, 6~7월에는 북미 서부 지역 중심으로 이례적인 폭염이 발생했다. 캐나다의 브리티시 컬럼비아주는 캐나다 역대 최고기온인 49.6도를 기록했다.

3월 중~하순 호주 동남부 뉴사우스웨일스주에서는 집중호우로 60년 만에 최악의 홍수가 발생하여 2명이 사망, 4만 명 이상이 대피했다. 7월 중순 독일 서부와 벨기에는 기록적인 폭우와 홍수가 발생하여 독일은 약 174명, 벨기에는 약 32명이 사망하는 등 많은 인명 피해와 약 6조 8천 억원 상당의 큰 인프라 손실이 발생했다. 동북아시아에서는 장마철 종료 후 곳곳에 폭우가 내리면서, 7월 중순에 중국 허냔성에서 시간당 202mm의 폭우로 300여 명이 사망했고, 8월 중순에 일본 규슈에서 일주일간 1,159mm의 폭우로 홍수와 산사대가 발생하여 6명이 사망하는 등의 인명 피해가 발생했다. 또한, 캐나다 서부의 브리 티시 컬럼비아주에서는 11월 중순에 한달치의 비(약 200mm)가 이틀 만에 내리는 기록적인 폭우로 수천 명이 고립되고 비상사태까지 선포되었다. 미국 중서부와 남동부는 좀처럼 드문 12월의 초강력 토네이도가 켄터키 등 6개 주를 관통하며 가옥과 공장 등을 무너뜨려 100여 명의 사망자와 수십만 명의 이재민을 발생시켰고, 12월 브라질은 월강수량의 6배가 넘는 폭우로 약 24명이 사망했다.

우리나라 이상기후 발생 및 피해 현황

1월은 찬 대륙성고기압의 영향으로 전국 평균기온(-5.7℃)이 연일 영하권 온도를 유지하면서 한강과 낙동강이 얼 만큼 전국적으로 매서운 한파가 이어졌다. 반면, 13일 이후부터는 이동성고기압의 영향으로 따듯한 날이 이어지면서 1월의 기온 변동 폭은 1973년 이후 가장 컸다. 3월은 전국 평균기온 8.7℃, 최고기온 14.6℃, 최저기온 3.1℃로 1973년 이후 모두 상위 1위, 역대 가장 빠른 서울 벚꽃 개화를 기록했다. 4월 중순에는 한파주의보가 발표되었고, 하순에

그림 12-1. 2022년 사상 초유의 폭염으로 프랑스 남서부에서 시작된 유럽 산불.

는 초여름에 해당하는 고온 현상이 나타났다. 7월 중순~하순, 극심한 무더위로 서울 폭염일수 역대 3위, 열대야일수 2위를 기록하는 등 수도권과 서쪽 지역 중심으로 폭염과 열대야가 지속되었다. 10월 중반까지는 늦여름의 고온현상을 보였으나, 이후 한파주의보가 발효되는 등 초겨울의 저온 현상을 나타내며 극과 극의 기온변동을 보였다.

3. 2022년 이상기후 현상

세계의 이상기후 발생 및 피해 현황

전 지구 평균기온은 지속적으로 증가하고 있으며, 지구온난화로 인해 이상기후 현상이 빈번히 발생함에 따라 매해 재산 및 인명 피해가 증가했다. 유럽연합 산하기관인 코페르니쿠스 기후변화서비스 발표에 의하면, 2022년 전 지구 평균기온은 평년 대비 약 0.3℃, 산업화 이전 대비 약 1.2℃가 높아 1959년 이후 상위 5위를 기록했고 최근 8년이 가장 따뜻한 해로 분석되었다. 라니냐가 2020년 8월에 시작되어 2021년 5월에 1차 종료되었고, 2021년 8월에 다시 라니냐가 재발달하여 2022년 겨울철까지 지속되었다. 21세기 들어 처음으로 겨울철에 3년 연속으로 라니냐가 발달한 것으로 전 세계 곳곳의 기온과 강수 패턴에 영향을 미쳤다. 북극 해빙 면적은 1979년 이후 계속 감소하는 경향을 보이고 있으며, 2022년에도 평년보다 적은 상태를 보였다. 2022년 10월과 11월 북반구 눈덮임 면적은 1967년 이후 각 최다 25위, 4위, 유라시아 눈덮임 면적은 최다 22위와 11위로 북반국와 유라시아 모두 10월에는 평년과 비슷한 수준이었으나 11월에는 눈덮임이 급격히 늘어나 평년보다 많은 수준이었다. 호주 북동부에서는 2022년 2월 한 주간 최대 약 900mm의 폭우로 최소 9명이 사망하고 1만 5천여 가구가 침수되는 피해를 입었다.

2022년 6월과 7월에 유럽 지역을 강타한 폭염은 곳곳에서 섭씨 40℃를 넘어섰고, 역대 최고기온 기록을 경신했다. 포르투갈 지역에서는 최고기온 47℃를 기록했으며, 7월 7일과 18일 사이 폭염 관련 사망자가 1,063명으로 집계되었다. 스페인에서는 최고기온이 40℃를 웃도는 폭염으로 7월 19일까지 보고된 열 관련 사망자는 총 679명으로 보고되었다. 유럽에서는 500년 만의 최악의 가뭄을 겪었다. 유럽의 약 47%는 토양 수분 함량이 부족한 가뭄경보단계이고 17%는 농작물이 스트레스를 받아 피해가 발생하는 적색경보단계를 나타냈다. 미국에서는 12월 중후반기에 40년 만의 최악의 크리스마스 시즌 한파가 발생했으며, 미국 서부 몬태나주는 기온 영하 45℃, 체감온도 영하 59℃까지 떨어졌다. 또한 시카고는 체감기온이 영하 50℃까지 떨어지는 강추위로 극심한 피해를 입었다. 파키스탄은 2022년 3월부터 5월까지 폭염과 이상고온 현상이 발생했다. 3월 하순에 최고기온 40℃를 넘는 지역이 속출했고 5월 중순부터는 50℃를 넘는 지역이 나타났다. 중국은 61년만에 최고기온과 최저 강수량을 기록했으며, 2개월간의 여름 폭염으로 산불이 발생했으며 극심한 농작물 피해를 입었다.

우리나라 이상기후 발생 및 피해 현황

4월 중순부터 하순에는 초여름에 해당하는 이상고온 현상이 나타났고, 6월 하순부터 7월 상순에는 때 이른 열대야와 폭염이 기승을 부렸으며, 11월에는 이례적인 고온이 나타났다. 2월 중순부터 하순에는 강추위가 지속되었고, 10월 중순에는 이른 추위로 평년보다 빠른 첫서리와 첫얼음이 관측되었으며, 12월은 강한 한파와 눈이 잦았다. 6월 하순과 8월 상순 후반에는 정체전선이 주로 중부지방에 위치하면서 짧은 기간 동안 많은 강수가 집중되었다. 특히 8월 8일에는 서울과 경기도를 중심으로 시간당 100mm가 넘는 매우 강하고 기록적인 강수가 내려 저지대 곳곳이 침수되는 등의 많은 피해가 발생했다. 2022년 남부지방의 기상 가뭄은 1974년 이후 가장 많은 발생일수를 나타냈다.

참고문헌

1. 이동근 외, 『환경과 오염』, 경상대학교출판부, 1997.
2. 장덕 외, 『인간 활동과 환경오염』, 건국대학교출판부, 2006.
3. 이상훈, 『쉽게 쓴 환경과학』, 自由아카데미, 2005.
4. 은하출판사 편집부, 『핵심 생명과 환경(교양2)』, 은하출판사, 2011.
5. 박정수, 『생태계와 환경오염』, 국립생태원, 2016.
6. 최병성, 『강은 살아있다: 4대강 사업의 진실과 거짓』, 황소걸음, 2010.
7. 황유정, 『세계의 환경: 극복해야 할 인류의 과제』, 이담Books : 한국학술정보, 2013.
8. 박철희 외, 『수질오염개론』, 동화기술, 2012.
9. 최규성, 『(쉽게 풀어 본)환경상식』, 자유아카데미, 2004.
10. 김광렬 외, 『인간과 환경』, 동화기술, 2005.
11. 제리 실버 지음, 최영은·권원태 옮김, 『(스스로 배우는) 지구온난화와 기후변화』, 푸른길, 2010.
12. 정준금 외, 『환경과 사회』, 대영문화사, 2007.
13. 최선 외, 『(알기 쉬운) 녹색경영』, 한경사, 2012.
14. 윤천석, 『대체에너지』, 인터비젼, 2006.
15. 이상훈, 『환경과학 이야기』, 자유아카데미, 2010.
16. Travis Hudson, AGI, NAGT 지음, 최정찬 외 옮김, 『지구환경과학』, 시그마프레스, 2012.
17. 강치구 외, 『환경과 인간』, 동화기술, 2008.
18. 2016년 환경백서, 환경부, 2016.
19. 2015년 산업폐수의 발생과 처리, 환경부, 2015.
20. 축산폐수처리통계, 환경부, 2006.
21. 이상기후보고서 2013, 관계부처합동, 2013.
22. 이상기후보고서 2014, 관계부처합동, 2014.
23. 이상기후보고서 2015, 관계부처합동, 2015.
24. 이찬희, 『플라스틱 시대: 플라스틱의 역습, 어떻게 대처할 것인가?』, 서울대학교출판문화원, 2022.
25. 이소베 아츠히코, 김영일, 김성수, 조현서 옮김, 『해양플라스틱 쓰레기 문제의 진실-미세플라스틱 실태와 미래 예측』, 전남대학교출판문화원, 2022.
26. 김병민, 『거의 모든 물질의 화학: 화학물질 세상에 대한 과학적 통찰』, 현암사, 2022.
27. 한국환경연구원, 『대한민국 탄소중립 2050』, 크레파스북, 2022.
28. 「2022년 환경백서」, 환경부, 2023.
29. 「2021년 이상기후보고서」, 관계부처합동, 2022.
30. 「2023년 에너지수요전망」, 에너지경제연구원, 2022.

이동근

서울대학교 화학공학과 학사
한국과학기술원(KAIST) 화학공학과 석사·박사
캘리포니아대학교 버클리 화학공학과 방문학자
미국 Lawrence Berkeley National Laboratory(LBL)
방문 연구원

현 경상국립대학교 화학공학과 교수
현 경상국립대학교 환경보전학과 교수

김둘선

경상국립대학교 화학공학과 학사·공학석사·공학박사
현 경상국립대학교 화학공학과 강사
현 연암공과대학교 화공트랙 강사

환경오염과 지구 개정판

2024년 1월 2일 개정판 1쇄 발행
2024년 9월 30일 개정판 2쇄 발행

지은이 이동근, 김둘선
펴낸이 권순기
부장 김경민
편집 이가람
디자인 이희은

펴낸곳 경상국립대학교출판부 | 출판등록 1989년 1월 7일 제16호
주소 경남 진주시 진주대로 501
전화번호 055) 772-0803
팩스 055) 772-0809
전자우편 gspress@gnu.ac.kr
홈페이지 gspress.gnu.ac.kr
페이스북 www.facebook.com/gnupub
블로그 blog.naver.com/gnupress12
인스타그램 @gnupress

책값은 뒤표지에 있습니다.

표지 용지 켄도 200g(삼원특수지)
본문 용지 친환경미색지 80g(전주페이퍼)